일러두기

● 이 책 57쪽에 실린 「종교의 눈으로 바라본 한국」은 저자의 「북한에 대한 불편한 진실」(2013, 한울), 15~16쪽 및 20~35쪽에
실린 글에 종교적 부분과 관련한 내용을 추가 보완해 쓴 글이다.

● 227쪽에 실린 「지금 당장 붓다로 살자」는 도법 스님이 2013년 4월 미국 유니온 신학대학원에서 '깨달음과 해방, 참여불교인
과 해방 신학자의 대화'라는 주제로 열린 컨퍼런스에서 발표한 강연 전문이다. 책의 취지에 적합한 내용을 강연 당시의 생생한
언어로 전달하고자 특별히 강연 형식 그대로 싣는다.

오강남 · 성소은 엮음

종교 너머, 아하!

판미동

목차

다 함께 '아하!'를 외치자

비영리 단체 '종교너머, 아하!' 창립 1주년을 기념해 『종교 너머, 아하!』를 출간하게 된 것을 기쁘게 생각합니다. '종교너머, 아하!'에는 두 가지 깊은 뜻이 담겨 있습니다. 첫째, 각 종교의 울타리를 넘어 가 본다는 뜻입니다. 현재 한국에서 각 종교들은 각자 울타리를 둘러치고 그 울타리 안에 안주하고 있는 실정입니다. 심지어 자기 울타리 안 세계만이 오로지 유일한 진리의 영역이라는 배타적 태도를 보이며 울타리 너머를 보려 하지 않고, 넘겨 보는 것을 죄악시하기까지 했습니다. 이런 현실에서 '종교 너머, 아하!'는 각 종교들이 스스로 쳐 놓은 울타리를 넘어 서로 소통하고 대화할 때 전에 느껴보지 못했던 감격으로 '아하!'를 외칠 수 있게 되길 바라는 우리 모두의 염원을 실어 내는 말입니다.

종교 간 대화 없이는 종교 간 평화가 있을 수 없고, 종교 간 평화가 없이는 세계 평화가 있을 수 없다고 했습니다. 그런 의미에서 '종교너머, 아하!'는 종교 간의 대화와 소통의 기회를 제공하므로 한국 사회, 나아가 세계 평화에 이바지하는 길이 되리라 믿습니다.

둘째, '종교너머, 아하!'에는 현재의 제도적이고 개별적인 종교를 넘어 가 본다는 뜻이 담겨 있습니다. 어느 면에서 통속적으로, 그리고 천박하게 이해된 대로의 종교, 자본주의의 물질제일주의에 경도된 기복 종교는 더 이상 제 기능을 하지 못하고 있습니다. 달라이 라마도 최근에 쓴 그의 책 『종교를 넘어』에서 "사람들이 의미 있고 행복한 삶을 영위하는 데 분명 종교가 도움을 줄 순 있지만 종교 또한 잘못 이용될 때는 갈등과 분열의 근원이 될 수 있습니다."라고 하면서 이런 종교를 뛰어 넘어 인류 보편적인 '내적 가치'를 추구해야 할 필요성을 역설했습니다.

얼마 전 경기도 남양주에 있는 어느 사찰을 방문하여 그곳 큰스님과 이야기를 나눌 기회가 있었습니다. 스님은 "나 같이 촌에 박혀 있는 사람이 뭐를 알겠소." 하면서도 몇 마디씩 던지는 얘기가 모두 진리의 말씀이었습니다. 그중 아직도 제 귀에 쟁쟁한 것은 "불교고 기독교고 '종교'로서의 기능은 이제 지나갔지요. 밖에 나가 밭을 갈고 있는 촌로에게 물어보세요. 부처님께 빌고 하느님께 빌어 문제가 해결된다고 믿느냐고. 이런 식으로 무엇이든 빌어서 문제를 해결하려고 하던 '종교'는 이제 그 명을 다 했지요." 그 큰스님이 바라는 것도 바로 '종교 너머'가 아니었나 싶습니다.

현재 서양 젊은이들 중에는 "나는 종교적이지 않다. 다만 영적이다.(I am not religious, but spiritual.)"라는 말을 하는 이들이 많습니다. 인습적이고 형식적인 지금까지의 '종교'가 궁극적인 해답을 가져다주리라는 기대를 접고, 개별 종교를 넘어 종교가 본래 인간에게 주려고 했던 그 '속내', 그 '심층', 그 '영성'에 관심을 가지고 그럴 때 참된 의미의 '아하!'가 가능함을 발견하게 되었다는 뜻입니다.

'종교 너머, 아하!'는 위에서 말한 두 가지 뜻을 묶어서 실현해 보려는 저희의 겸허한 발돋움입니다. 종교인들, 혹은 현재 특정 종교에 속하지 않았더라도 종교적인 문제에 관심이 있는 분들이, 모두 자기의 울타리를 넘어 이웃과 손잡고 오손도손 이야기하면서 종교의 속내, 그 깊은 영적 차원을 발견해 나가면서 계속 '아하!'를 외치는 경험을 해 보자는 것입니다.

달라이 라마의 말처럼, 자비롭고 평화로운 세상을 만드는 일이 '하룻밤 새'에 이루어지기는 어려우며, 또 우리의 작은 노력만으로 이루어지는 것이 아니라는 사실도 잘 압니다. 그러나 우리의 '자각'을 통해서, 그리고 꾸준한 '교육'을 통해서 '서서히' 다가올 것이라는 그의 확신에는 동감할 따름입니다.

'종교너머, 아하!'는 이런 변화를 구체적으로 구현하기 위해 함께 생각하고, 함께 자라나고, 함께 나누는 일을 해 나가고 있습니다. '함께 생각하기' 운동의 일환으로 이미 종교 관련 강좌를 개설해 운영하고 있고, 이번에 '종교너머, 아하'의 취지에 따라 모인 고문, 이사, 그리고 초청 인사 두 분의 글을 모아 이렇게 책을 내게 되었습니다.

이 책에 나온 글들은 모두가 이와 같은 '종교너머, 아하!'의 기본 정신에 공명하는 것들입니다. 모두가 각자의 입지에서 현재 우리 주위에 있는 병리적 종교 현상을 진단하고 그 치유책을 처방하고 있습니다. 한국의 종교 상황이 바람직하지 못한 것은 사실이지만 이를 슬기롭게 대처하고 극복하면 밝은 미래가 보일 수 있다고 합니다. 그런 의미에서 이 글들은 모두 지평선 너머에서 밝아오는 앞날에 대한 희망의 메시지이기도 합니다.

이제 이 책에 실린 글들을 간략하게 소개하도록 하겠습니다. 제가 쓴 「지금 우리에게 종교란 무엇인가」라는 글은 제가 평소 주장하던 것처럼, 거의 모든 종교에 표층과 심층이 있다는 사실을 바탕으로 한 논의입니다. 대부분의 사람들이 자기중심적인 표층 종교에서 시작하지만, 이런 자기중심주의를 극복하고 참나를 발견하는 것, 나아가 그 참나와 신, 그리고 우주의 모든 것이 '하나'라는 것을 깨닫게 되는 것이 바로 심층 종교의 핵심이라는 것, 종교가 이런 심층 종교로 심화할 때 얻을 수 있는 변화와 자유를 이야기하고 있습니다. 나아가 심층 종교로 자기의 종교성을 심화하는 과정에서 필연적으로 자기 종교 전통을 넘어 이웃 종교와 대화할 필요가 있다는 사실을 함께 강조하고 있습니다.

종교학으로 박사학위를 받고 현 국회의원으로 활동하고 있는 김성곤 의원의 「'하나'의 철학」이라는 제목의 글은 동서양 종교 사상, 특히 동양 종교에서 강조되는 '하나'라는 사상을 부각하여, 그 의미를 밝히고 있습니다. 만유가 하나라는 것, 모든 생명체와 인류가 하나임을 깨닫기 위해 노력하는 것이 바로 종교요, 종교에서 말하는 구원에 이르는 길이라 보고 있습니다. 그는 또 정치인답게 정치인의 입장에서 "정치가 추구해야 할 것도 바로 이 하나의 깨달음을 현실 사회에 구현하는 것이다. 즉 강대국과 약소국, 부자와 빈자, 건강한 자와 장애인, 다수와 소수 모두가 한 몸, 한 형제이므로 미워하지 말고 서로 돕고 화합하여 평화로운 공동 공영의 세상을 만드는 것이다."라고 하면서 하나의 철학이 지니는 정치적 의미도 짚어 주었습니다.

경남대학교 부총장이며 북한 문제 전문가인 윤대규 교수는 「종교의 눈으로 바라본 한국」란 글에서 한국이 세계 문명에 기여할 수 있는 가능성과 현실성을 적시하는 희망의 메시지를 전해 주고 있습니다. 지금까지 세계를 지배해 온 그리스도교 중심의 서양 문명관으로서는 인류가 당면한 과제를 해결할 수 없기에 정신 문명의 전환이 요구될 수밖에 없는 현실에서, 이런 시대적 요청에 가장 창조적으로 부응할 수 있는 나라가 바로 한국이라는 주장입니다. 동양 사상의 진수와 서양 사상의 정수가 모여 있으므로 지구상 어느 나라보다 사상적으로 풍요로운 나라이기 때문에, "결국 한국은 동서양 사상의 변증법적 통합을 통하여 동서양을 포괄하는 새로운 사상이 출현할 수 있는 가장 좋은 토양을 지니고 있다."는 것입니다.

이영환 교수는 경제학자이면서도 종교와 철학 사상, 영적인 문제와 현대 과학에 깊은 통찰을 보여 주고 있습니다. 그는 「무엇을 위한 믿음인가」라는 제목의 글에서 '믿음이면 다'라고 하는 천박한 믿음 만능주의에 경종을 울립니다. 이성의 필터를 거치지 않은 맹신, 광신, 미신적 믿음은 우리를 망하게 한다고 지적합니다. 우리가 지향해야 할 경지는 '객관적이고 과학적인 지식과 상생의 정신에 입각한 건전한 믿음'이라고 합니다. 이를 위해 그는 '의식의 확장'을 제안하면서 모든 종교가 의식의 확장을 중심으로 대화하고 협력한다면 종교 간의 갈등도 해소되고 그야말로 기존 종교의 영역을 넘어 새로운 형태의 종교가 가능해진다고 역설합니다. 역시 새 시대를 여는 희망의 메시지입니다.

이상 네 편의 글은 특별히 어느 한 종교 전통을 다루는 글이 아니라 종교 전반에 관한 총체적이고 원론적인 글이라 할 수 있습니다. 다음에 나오는 여섯 편은 필자들이 속하거나 전공하는 개별 종교가 어떻게 새롭게 변해 새 시대의 새로운 필요에 부응할 수 있을까 하는 문제를 구체적으로 다루고 있는 글들입니다.

미국 조지 메이슨 대학교 종교학과의 노영찬 교수는 자신의 전공 분야인 유교를 다루면서 유교가 가지고 있는 '종교성'과 오늘을 위해 유교가 할 수 있는 역할을 밝혀주고 있습니다. 유교에서 강조하는 '경(敬)'과 '성(誠)'은 "인간이 인간이 되고 모든 만물이 만물이 되게 하는 기본 원칙"으로 단순한 윤리적 개념을 넘어 종교적 차원의 실천 강령이라는 것입니다. 유교는 이런 실천 강령을 거대한 조직이나 의례에서보다 우리의 삶 한가운데서, 특히 가정에서 이룩해야 할 것으로 강조하고 있고 이런 점에서 유교는 '포스트모더니즘'적 특징을 품고 있으며 또 이런 면 때문에 "유교야말로 21세기 포스트모던 시대를 장식하는 새로운 종교성의 모델과 틀을 이미 보여 주고 있지 않은가?" 하는 결론을 도출하고 있습니다.

성서 번역에 평생을 바친 전 대한성서공회 책임자 민영진 박사는 「처음에도가이스되」라는 글을 통해, 성경에서 가장 중요한 구절 중 하나인 요한복음 1장 1절에 나오는 그리스어 '로고스'를 우리말 '도(道)'라고 옮겼을 때 새로운 의미가 함의될 수 있다는 사실을 구체적 예로 제시하면서, '성서 번역에서 보는 토착 언어의 창조적 기능'이 어떤 것인가를 소상하게 밝혀 주고 있습니다. "저자의 자유만큼이나 독자의 자유도 똑같이 존중받아 마

땅하다."는 입장에서 보면 '로고스'를 '도'로 번역하는 것도 가능
하고, 또 이런 번역이 언제나 바람직하느냐 하는 문제와 별도로
우리나라 초기 '그리스도교 선교에 결정적 접촉점'을 제공할 수
있었다는 사실을 지적해 주었습니다. 우리나라 성서 번역의 기
본 방향, 그리고 우리가 우리말로 번역된 경전을 읽을 때 염두에
두어야 할 기본 원칙에 빛을 던져 주는 글입니다.

제3시대 그리스도교연구소 연구실장 김진호 목사는 「'작은 교
회'가 그리스도교의 미래다」라고 예견하고 있습니다. 한국 사회
의 급성장기에 우후죽순처럼 나타난 대형 교회가 저성장 및 탈
성장 시대에 접어들면서 권위주의적인 태도, 친미 내지 무조건
적인 종미주의 같은 한계성을 노정하고 있음을 지적합니다. 이
제 성공지상주의에서 해방된 작은 교회는 대형교회와는 달리
'덜 배타적이고 더 소통적'일 수밖에 없다고 합니다. 예를 들어
작고 좁은 공간이라 목사와 평신도의 간격이 좁아지며 목사의
육성이 신도들에게 직접 전달되므로 목사의 카리스마적 리더십
보다는 탈권위주의적 친밀성이 강조된다는 것입니다. "작은 교
회는 오늘 우리 사회의 공공성에 기여하는 개신교적 주체가 될
수 있을 것이며, 이것은 개신교 신앙의 위기에 대한 탈성장주의
적 대안이 될 수 있을 것"이라는 것이 그의 결론입니다.

감리교신학대학교에서 기독교 윤리학을 가르치는 박충구 교
수는 「새 시대를 위한 새로운 신앙의 모습을 찾다」라는 글에서

우선 오늘 그리스도교가 '몸살을 앓고 있는 현실'을 적시하고 그 원인이 그리스도교 자체가 아니라 대부분 '제도적 그리스도인들'과 '진보적 그리스도인들'이 벌이는 다툼 때문이라고 진단한 다음, 그 해결책으로 제3의 길, 곧 '양심적 그리스도인'의 신앙을 제시합니다. 양심적 그리스도인의 신앙이란 예수와 1~3세기에 이르는 초대 교회, 그리고 16세기 이후 소종파적 신앙인들의 전통에서 찾아 볼 수 있는 신앙 형태라라는 것입니다. 양심적 그리스도인들은 무엇보다 신이 인간사의 모든 것을 통치한다는 신정(神政)론을 앞세워 폭력화된 그리스도교 신앙을 배격하고, "우리를 새로운 종교로 부르시는 것이 아니라 새로운 삶으로" 부르시는 예수, 그런 예수를 따르는 그리스도인이라고 합니다. 이처럼 생명과 평화를 사랑하는 이들에게서 그리스도교의 희망을 본다는 것입니다.

천도교한울연대 공동대표 김용휘 교수는 「이제 다시 동학을 '할' 때」라는 글을 소개해 주었습니다. 동학의 역사적 배경, 독특한 신관, 구체적인 수행 방법과 의례, 개벽이라는 역사관 등을 일목요연하게 정리하고 있습니다. 종교사를 공부한 저 개인적으로서도 동학 같은 종교 사상이 한국에 등장했다고 하는 것은 놀라움과 긍지 그 자체라 봅니다. 스스로 동학의 전통을 받들고 있는 김용휘 교수는 동학이 "안으로 하늘의 신성을 체험함으로써 사회적으로는 생명 평화의 세상을 적극적으로 열어 내는 사회 참여적 종교"라고 정리합니다. 그리고 그는 힘주어 말합니다. '모심과 공경'의 철학인 동학이 이 시대의 생명 평화의 가치로 꽃필 수 있도록 이제 동학을 '할' 때가 왔다고.

지리산 실상사 회주 도법 스님의 글은 지난 4월 미국 유니온 신학대학원에서 '깨달음과 해방, 참여불교인과 해방 신학자의 대화'를 주제로 열린 컨퍼런스에서 한 강연 전문입니다. 전 세계 저명한 불교 · 기독교 학자 서른 다섯 명이 발표자로 나서는 대규모 회의에 한국에서는 불교를 대표하여 도법 스님과 법륜스님이 참석했습니다. 도법 스님은 이 컨퍼런스에서 '나의 불교수행, 화엄세계관과 생명평화운동 – 지금 당장 붓다로 살자, 붓다로 행동하자'라는 제목으로 강연했습니다. 평소 우리가 이제 '종교를 구원해야 한다.'라고 하시는 스님은 지금 꾸미는 이 책의 취지에 동감하시고 이 글을 싣도록 주선해 주셨습니다. 불교인뿐 아니라 생명, 평화가 위협받는 이 시대의 위기를 염려하는 모든 이들에게 필수적인 화두가 될 글이라 여겨집니다.

이렇게 '종교너머, 아하!'의 뜻에 공명하여 쓰인 열 편의 글을 요약 정리해 보았습니다. 본론으로 들어가 금쪽같은 글들을 하나하나 음미하는 데 도움이 되길 바라는 마음에서 부언해 보았습니다. 모두가 한국의 종교 상황을 염려하고 한국 종교가 어느 방향으로 가야 할 것인가를 가리키는 나침판 같은 글들입니다.

앞에서 언급한 것처럼, 한국이 처한 정신적, 종교적 위기를 지혜롭게 대처해 나갈 경우 밝은 미래가 우리를 기다린다는 희망을 보여 주는 아름다운 청사진이기도 합니다.

부디 이 책이 한국 종교의 현실을 염려하는 많은 사람들에게 하나의 촉매제가 되어 저희가 펼쳐 놓은 '함께 생각하기'의 자리에 동참하게 된다면, 이어서 함께 자라고, 함께 나누는 일까지 함께할 수 있게 된다면, 이 책에 쏟은 저희의 작은 노력이 크게 보답받는 기쁨일 것입니다. 함께 가는 이런 여정에 끝이 없다고 한다면 '종교너머, 아하!'를 계속 외치는 것은 우리 모두가 지닌 숙명인지도 모르겠습니다. 감사합니다.

오강남

제1부

다시 보는 종교

오강남

김성곤

윤대규

이영환

지금 우리에게 종교란 무엇인가

종교의 표층과 심층을 중심으로 분석하다

오강남

서울대학교와 동대학원에서 종교학을 전공하고 캐나다 맥스터 대학교에서 종교학 박사 학위를 받았다. 캐나다 리자이나 대학교를 비롯해 북미 여러 대학과 서울대학교, 서강대학교 등 국내 대학의 객원교수로 학생들을 가르쳤으며, 북미한인종교학회 회장과 미국종교학회 한국종교분과 공동의장을 역임했다. 현재 캐나다 리자이나 대학교 종교학 명예교수로 재직하면서 북미와 한국을 오가며 집필과 강연활동을 하고 있다. 더불어 '종교너머, 아하!'의 이사장을 맡고 있다. 지은 책으로『예수는 없다』,『종교란 무엇인가』,『세계종교 둘러보기』,『종교, 심층을 보다』,『도덕경』등이 있고 옮긴 책으로『살아 계신 붓다, 살아 계신 예수』,『데이비드 스즈키의 마지막 강의』외 여러 권이 있다.

실재를 앎과 모름

　우물 안 개구리는 우물 안에서 볼 수 있는 것이 실재의 전부인 줄 안다. 그러다가 어쩌다 우물 밖으로 나와 보면 넓은 하늘, 확 트인 들판 등을 보게 된다. 이제 개구리는 이전의 개구리가 아니다. 변화된 개구리다. 이 개구리가 계속해서 산으로 올라간다고 상상해 보자. 산을 오르면 오를수록 더 멀리 있는 것들이 보인다. 멀리 있는 아름다운 공원, 저쪽으로 보이는 맑은 호수, 더 멀리 있는 드넓은 바다……. 이처럼 새로운 것을 발견할 때마다 '아하!'를 외치지 않을 수 없다. 개구리의 여정은 '아하! 경험'의 연속인 것이다.

　이런 경험을 한 새로운 개구리는 우물 안에 있을 때의 제약된 시각과 행동에서 벗어나 더욱 자유로운 시각에서 사물을 보고 행동하며, 옹졸한 정신 상태에서 해방되어 자유로운 정신 상태에서 노닐게 된다. 즉 있는 그대로를 더 잘 알게 되면서 달라졌고 달라짐으로써 그만큼 더 자유로워진 셈이다.

옛날 사람들은 바다에 끝이 있는 줄 알았다. 있는 그대로를 바로 알지 못한 것이다. 행여나 바다 끝 낭떠러지에 떨어질까 무서워 누구도 먼 바다까지 가지 못했다. 그만큼 행동의 제약을 받았다. 이후 바다에 끝이 없다는 사실을 알게 된 사람들은 두려움이라는 행동의 제약을 벗어던지고 훨씬 자유롭게 항해할 수 있게 되었다. 있는 그대로를 알게 되면서 새로운 자유를 얻은 것이다.

동네 어귀에 큰 구렁이가 있는 마을이 있었다. 동네 사람들은 구렁이가 두려운 나머지 어쩔 수 없이 동네 어귀로 다니지 못하고 먼 길을 빙 돌아 다녔다. 불편하기 그지없었다. 그러다가 용감한 청년 몇이 손전등과 도끼를 들고 동네 어귀로 나가보았다. 놀랍게도 그곳에 있는 것은 구렁이가 아니라 동네 어귀에 있던 큰나무의 뿌리가 땅 바닥 위로 올라와 있었다. 이 사실을 안 동네 사람들은 마음 놓고 동네 어귀를 통해 바깥출입을 하게 되었다. 이 이야기 역시 실재를 알게 되면서 누린 자유에 대한 예라 할 수 있다.

종교의 핵심 가치 네 가지

'종교란 무엇인가?'에 대한 답은 무수히 많다. 나도 여기저기에서 종교가 무엇인가 하는 문제를 다루며 이런 저런 정의를 내린 적이 있다.[1] 그러나 여기서는 그런 공식적인 정의를 옆으로 밀어 놓고 위에서 언급한 세 가지 예로 논의의 실마리를 끌어내 보려고 한다.

종교에서 가장 중요한 대목은 무엇일까? 그동안 세계 주요 종교들을 열심히 섭렵하고 거기에서 나름대로 발견한 바를 단도직입적으로 말한다면, 결국 '진리를 깨침으로 얻을 수 있는 변화, 그리고 그에 따르는 자유'라 할 수 있다. 여기서 중요한 키워드 네 가지는 진리, 깨침, 변화, 자유다.

대표적으로 예수도 "진리를 알지니 진리가 너희를 자유하게 하리라."라고 하고, 부처도 사성제(四聖諦), 곧 네 가지 진리를 체득하면 괴로움에서 자유로워진다고 가르쳤다. 두 성인 모두 진리를 깨쳤을 때 우리가 변할 수밖에 없고, 이 변화의 결과는 결국 자유라는 것을 이야기하고 있다.

이 네 가지 키워드를 하나하나 짚어 보자. 첫째는 '진리'다. 진리는 무엇인가? 진리란 교리나 어떤 진술 같은 '말'의 문제가 아

---

1) 상세한 논의를 위해서는 필자의 책 『종교란 무엇인가』(김영사, 2012) 첫 부분을 참조

니다. 진리란 '있는 그대로'이다. 일상적인 말로 실재(實在) 혹

니다. 진리란 '있는 그대로'이다. 일상적인 말로 실재(實在) 혹은 실상(實相)이라 할 수 있고, 영어로는 '리얼리티(reality)'라는 것이다. 불교에서는 이를 두고 '정말로 그러함,' 한문으로 '진여(眞如)', 산스크리트어로 '타타타(tathata)', 영어로는 '서치니스(suchness)', '이즈니스(is-ness)' 등이라 한다.

둘째는 '깨침'이다. '있는 그대로'가 나와 무관한 무엇으로 남아 있지 않고 그것과 의미 있는 관계를 맺으려면 내가 '있는 그대로'를 아는 것, 깨닫는 것, 깨치는 것이 중요하기 그지없다. 능동적인 입장에서든 피동적인 입장에서든 있는 그대로와 나를 맺어 주는 인식의 고리가 있어야 한다. 이는 있는 그대로를 그대로 볼 수 있는 '특수 인식 능력의 활성화'라 할 수 있다.

셋째는 '변화'다. 있는 그대로의 더 깊은 차원에 대한 깨침의 깊이가 깊을수록, 우리는 그만큼 변할 수밖에 없다. 이전의 나와 질적으로 다른 나로 변한다. 『장자』 첫 편 「소요유(逍遙遊)」 첫머리의 내용처럼 작은 물고기가 큰 물고기로 변하고 큰 물고기가 날개가 하늘을 덮을 정도로 큰 붕새로 변하는 것과 같다.

넷째는 '자유'다. 말할 것도 없이 있는 그대로를 보고 변화한 사람은 그만큼 자유롭다. 붕새가 하늘을 날아 '남쪽 깊은 바다(南冥) 하늘 못(天池)'으로 비행하는 것과 같다. 지금까지 우리 눈을 가리고 있던 무지나 선입견, 거기에서 오는 제약과 속박, 두려움에서 벗어나는 것. 이것이 바로 자유요, 이 자유가 종교

의 최종 결과다. 이 자유를 전통적인 용어로 바꾸면 해탈, 목샤 (moksha), 구원 등이라 할 수 있다.

다시 요약해 보자. 종교의 핵심은 '진리를 깨침으로 변화를 얻고, 거기에 따라 누릴 수 있는 자유'다. 좀 더 평범한 말로 하면, '가능한 한 사물을 있는 그대로 보게 되어, 자유를 누리는, 새로운 사람으로 변화하는 것'이라 할 수 있다.

종교에 대한 새로운 접근

물론 종교는 산을 올라가면서 더 많은 것을 보는 것, 바다에 끝이 없다는 사실을 아는 것, 동네 어귀의 나무뿌리가 구렁이가 아님을 아는 것 정도의 실재를 문제 삼지 않는다. 종교는 이른바 '궁극 실재(ultimate reality)'를 문제 삼는다.

종교에서 말하는 궁극 실재는, 힌두교 베단타에서는 브라흐만이라고 하고, 유대교, 그리스도교, 이슬람에서는 신(神)이라고 하며, 불교에서는 공(空)이라 하고, 도가에서는 도(道) 혹은 무(無)라고 하고, 유교에서는 이(理) 혹은 무극(無極)이라고 한다. 이름은 서로 다르지만 진리를 알고, 그에 따라 변화를 얻고, 자유를 얻으려고 하는 종교적 노력의 핵심이 바로 '궁극 실재'를 중심으로 하고 있다는 사실은 분명하다 할 수 있다.

그런데 문제는 주위에서 쉽게 찾아볼 수 있는 종교들이 이런 종교 본연의 자세를 취하는가 하는 점이다. 유감스럽게도 대답은 부정적이다. 오늘날의 종교들이 현실적으로 진리니 깨침이니 변화니 자유니 하는 고매하고 심오한 종교적 측면과는 무관하게 오로지 현실적 이익과 기복에만 전념하고 있다고 하면 이는 잘못된 관찰일까? 현재 한국 종교계에서 일어나고 있는 각종 비리와 교세확장주의, 물질제일주의, 집단적·개인적 이기주의 등을 보고 있노라면 안타깝게도 관찰이 잘못되었다고만은 할 수 없다.

나는 비교종교학자로서 그동안 세계 여러 종교를 비교하고 분류하는 방법에 대해 고심했다. 가장 보편적인 분류 방법은 그리스도교, 불교, 유교, 힌두교, 이슬람 등 여러 종교를 종교 전통에 따라 나누고 연구하는 것이다. 세계의 종교는 모두 나름대로의 특성을 지니고 있다. 따라서 불교와 그리스도교를 비교한다거나 불교와 유교를 비교해 각 종교 전통 속에서 발견되는 특이한 모습들을 역사적 맥락 속에서 검토하고 열거하는 것이 일반적인 접근법이다.

그러나 근래에는 세계 종교를 이처럼 종교 전통별로 분류하는 방법보다 여러 종교 전통들을 관통하는 '표층'과 '심층'으로 크게 구분하는 것이 더욱 적절하고 의미 있는 방법이라는 생각이 들었다. 이런 접근법이 다양한 종교 현상을 더욱 깊이 이해하고 그 의미를 찾는 데 도움을 주리라 여겼기 때문이다.

표층과 심층의 관점에서 세계 종교를 보면, 그리스도교에는 표층 그리스도교와 심층 그리스도교가 있고, 불교 역시 표층 불교와 심층 불교로 나눌 수 있으며, 유교에도 표층 유교와 심층 유교가 있다. 이렇게 분류하면 표층 그리스도교, 표층 불교, 표층 유교 등 각 종교의 표층들 간에는 상당한 유사점을 발견할 수 있고, 심층 그리스도교, 심층 불교, 심층 유교 등 각 종교의 심층들 사이에도 서로 '통하는' 요소가 있다는 것을 알 수 있다. 단적으로 말해서 표층 그리스도교와 심층 그리스도교 사이의 차이가 표층 그리스도교와 표층 불교의 차이나 심층 그리스도교와 심층 불교의 차이보다 더 클 수 있다는 것이다.

한 가지 예를 들면, 일본을 방문한 어느 미국 신학자가 호텔 지하에서 일본 선사(禪師)들을 만나 대화를 나눴는데 미국 신학자와 일본 선사들 모두 놀라울 정도로 서로 이해가 잘되고 잘 통하는 느낌을 경험했다. 대화를 마친 신학자가 호텔 위층에 있는 자기 방으로 돌아와 텔레비전을 켰는데, 미국에서 온 전도자가 일본 사람들을 상대로 큰 소리로 복음을 전하는 장면을 보았다. 놀랍게도 신학자는 자기와 같은 그리스도교에 속해 있는 텔레비전 속 전도자에게 방금 만나고 온 선사들보다 더 큰 괴리감을 느꼈다.

표층 종교와 심층 종교는 무엇이 다른가

그렇다면 거의 모든 세계 종교를 관통해 발견되는 표층과 심층의 차이는 무엇인가? 어떻게 보느냐에 따라 스무 가지 이상 열거할 수 있지만, 가장 핵심이라고 생각되는 차이점 몇 가지만 소개하겠다.

첫째, 표층 종교가 변화하지 않은 지금의 나, 이기적인 나, 그리스도교 용어로 죄인인 나, 불교 용어로 탐진치(貪瞋癡, 욕심과 노여움과 어리석음)에 찌든 나, 종교가 다석(多夕) 류영모의 용어로 '몸나', '제나'로서의 나를 중심으로 돌아가는 종교라고 한다면, 심층 종교는 이런 나를 부정하거나 극복하고 비우고 넘어설 때 찾을 수 있는 새로운 나, '참나', '큰나', '얼나(靈我)', 진아(眞我), 대아(大我)를 찾으려는 종교라 할 수 있다.

이렇게 참나를 찾았을 때, 옛 자신은 죽고 새로운 자기로 다시 태어났을 때, 사람들은 해방과 자유를 향유하는 늠름하고 당당한 인격체로 우뚝 설 수 있다. 그리스도교 용어로 하면 부활이요, 다석 류영모의 용어로 하면 '솟남'이다.

똑같이 교회나 절에 다니고 똑같이 헌금이나 시주, 기도를 하더라도, 표층 종교에 속한 사람은 이 모든 것이 이 세상에서 자기가 복을 받고 잘 살기 위한 수단으로, 혹은 내세에서도 영생복락을 누리며 살기 위한 준비로 생각하기가 십상이다. 하지만 이와 대조적으로 심층 종교에 속한 사람은 이런 종교적 행동이 욕심으로 가득한 지금의 나, 이기적인 나를 죽이고 새로운 나로 거듭나기 위한 내면적 훈련이라 생각한다.

성경 구절 중에 표층·심층의 구분에 해당하는 내용은 무엇일까? 「마태복음」을 살펴보자.

제자들에게 이르시되 누구든지 나를 따라오려거든 자기를 부인하고 자기 십자가를 지고 나를 따를 것이니라. 누구든지 제 목숨을 구원하고자 하면 잃을 것이요 누구든지 나를 위하여 제 목숨을 잃으면 찾으리라. 사람이 만일 온 천하를 얻고도 제 목숨을 잃으면 무엇이 유익하리요 사람이 무엇을 주고 제 목숨과 바꾸겠느냐(마 16:24~26절)

여기서 "자기를 부인하고 자기 십자가를 지고" 간다고 하는 것은 둘 다 지금의 이기적인 나를 극복하는 것, 현세적인 이익이나 기복을 중심으로 하는 종교 형태에 함몰된 나에게서 벗어난다는 뜻이라 할 수 있다. "제 목숨을 구원하고자 하면 잃을 것이요", "제 목숨을 잃으면 찾을 것"이라는 구절도 지금의 내 목숨, 지금의 나에 집착하면 참된 목숨, 참나에 대해 관심을 쏟을 길이 있을 수 없고, 그렇게 되면 결국 참 목숨, 참나를 잃고 만다는 것을 의미한다고 볼 수 있다. 또 "천하를 얻고도 제 목숨을 잃으면 무엇이 유익하리요."라는 표현도 표층 종교에서 가르치는 대로 지금의 내 목숨, 지금의 나에 집착하며 종교 생활을 해 천하를 얻는다 한들 참 목숨, 참나를 잃으면 무엇이 유익한지 자문하라는 내용이라 할 수 있다.

이렇게 지금의 나를 떠받들고 사는 삶이 참된 삶이 아니라는 것은 불교에서 더욱 강조된다. 불교는 우리가 피상적으로 생각하는 '나'는 처음부터 없었던 것이라고 역설한다. 이것이 부처가 성불 후 설파한 이른바 '무아(無我, anātman)'의 가르침이다. 형이상학적이고 구체적인 부분에서는 어떨지 모르지만, 윤리적 방향에서 본다면 유교에서 '나' 중심적인 '사(私)'를 죽이라는 '무사(無私)'의 가르침도 지금의 이기적인 나를 벗으라는 가르침과 맥락을 같이 한다고 볼 수 있다.

둘째, 표층이 '무조건적인 믿음'을 강요하는 것에 비해 심층은 '이해'나 '깨달음'을 강조한다. 표층 종교는 자기 종교에서 가르치는 교리나 율법 조항을 무조건 그대로 받아들일 것을 요구하지만, 심층 종교는 선입견, 편견, 고정관념으로 찌든 지금의 내가 죽고 새롭게 태어날 때 필연적으로 얻을 수 있는 새로운 눈뜸, 더 깊은 깨달음을 중요시한다. 모든 종교적 가르침이나 의례, 행사도 결국은 이런 깨달음에 이르기 위한 준비 작업이라 여긴다.

이러한 눈뜸이나 깨달음을 다른 말로 표현하면 결국 '의식의 전환(transformation of consciousness)'이라 할 수 있다. 더 거창한 말로 바꾸면, 위에서 언급한 바와 같이, 우리의 일상적인 이분법적 의식에서 벗어나 실재의 더 깊은 차원을 볼 수 있도록 하는 '특수 인식 능력의 활성화'라 할 수 있을지도 모른다.

이와 관련한 내용을 예수는 어떻게 가르쳤을까? 예수가 공생애를 시작하며 처음으로 외친 말은 "회개하라. 하느님의 나라(다스리심)가 가까웠다."이다. 이때 '회개'라는 말의 원문은 '메타노이아(metanoia)'다. '메타'와 '노이아'의 합성어인 이 말의 더욱 직접적인 뜻은 '의식의 변화'다. 따라서 예수님의 '회개하라'는 외침은 과거의 잘못을 뉘우치고 새로운 결심을 하는 것과 같은 윤리적 차원의 요구라기보다는, 우리의 의식 깊은 곳부터 완전히 바꾸어 새로운 가치관, 새로운 세계관을 가지고 살 것을 요구한 것이라 보아야 한다. 심층 종교는 이처럼 우리의 의식이 근본적으로 바뀔 때 새로운 삶, 해방과 자유의 삶을 살 수 있다고 가르친다.

불교의 경우는 말할 것도 없다. '붓다' 혹은 '불(佛)'이란 '깨우친 이'라는 뜻이다. '불교'는 '깨침을 위한 종교', '깨친 이의 가르침'이라고 볼 수 있다. '성불하십시오'라는 말은 깨침을 이루라는 말이다. 부처도 무엇이든 전통이나 권위에 의해 무조건 받아들이지 말고 스스로 관찰해 이해를 하고 나서 그것을 받아들이라고 권고했다.

참된 의미의 종교는 이성(理性)에 반대되는 것이 아니라 이성을 초월하는 것이다. 라틴어로 '콘트라 라시오(contra ratio)'가 아니라 '수프라 라시오(supra ratio)'라고 한다. 히브리어 성경에 보면 하느님이 사람들에게 "오라, 우리가 서로 변론하자.(이사야 1:18)"고 초청하고 있다. 여기서 '변론하자'라고 한 것을 영어로 는 "Let us reason"이라고 번역했다. 이성을 가지고 따져 보자는 뜻이다. 이성을 무시한 믿음, 이성에도 미치지 못한 믿음은 경신(輕信), 맹신, 광신, 미신으로 빠질 수밖에 없다.

유교는 어떤가? 유교 경전 『대학(大學)』에 보면 인간이 큰 배움을 위해 밟아야 할 여덟 가지 단계가 열거되어 있다. 잘 알려진 바와 같이 '격물(格物), 치지(致知), 성의(誠意), 정심(正心), 수신(修身), 제가(齊家), 치국(治國), 평천하(平天下)'다. 여기서 처음 두 단계, '격물'과 '치지'는 이성을 최대한 활용하라는 말이다. 사물을 깊게 연구하고 우리의 앎이 극에 이르도록 하라는 뜻이다. 이런 것이 가능해야만 뜻이 정성스럽고 마음이 올바를 수있다고 가르치는 것이다. 무조건적인 믿음은 참된 의미의 믿음에 방해가 될 뿐이다.

셋째, 표층 종교가 대체로 영원히 분리된 두 가지 개체로 신과 나를 보는 반면, 심층 종교는 내가 신 속에 있고 신이 내 속에 있다고 하며 신과 내가 '하나'임을 강조한다. 심지어 내 속에 있는 신적인 요소야말로 바로 참나라고 믿는다. 동학에서 주장하는 시천주(侍天主, 내가 한울님을 모시고 있다)나 인내천(人乃天, 내가 한울님이다)이라는 가르침이 이를 대변하는 대표적인 사상이라 할 수 있다. 일반적인 만유재신론(panentheism)의 입장이다.

이에 대해 예수는 어떻게 말했을까? 「요한복음」에 예수의 가르침을 암시하는 말이 자주 나온다. 대표적인 예가 "아버지여, 아버지께서 내 안에, 내가 아버지 안에 있는 것 같이 그들도 다 하나가 되어 우리 안에 있게 하사 세상으로 아버지께서 나를 보내신 것을 믿게 하옵소서.(요 17:21)"라는 구절이다. 그 외에 "너희가 아버지께서 내 안에 계시고 내가 아버지 안에 있음을 깨달아 알리라.(요 10:38)", "내가 아버지 안에 거하고 아버지께서 내 안에 계심을 믿으라.(요 14:11)", "그날에는 내가 아버지 안에, 너희가 내 안에, 내가 너희 안에 있는 것을 너희가 알리라.(요 14:20)"와 같은 구절도 마찬가지다.

사실 이 생각은 신과 인간뿐 아니라 세상 만물이 동체(同體)임을 강조하는 의미로 확대해 볼 수 있다. 세상에 궁극적으로 독립적인 개체는 있을 수 없으며, 따라서 모든 것이 모든 것에 의존하고, 모든 것이 모든 것과 서로 연관되어 있다는 생각이다. 신유학(新儒學)에서 주장하는 이른바 만유일체(萬有一體), 혼연동체(渾然同體) 사상이다.

불교의 경우 연기(緣起) 사상, 특히 화엄의 법계연기(法界緣起) 사상은 만물이 서로 연관되어 있고 상호 의존하고 있음을 어느 사상 체계보다 더욱 힘주어 일관되게 강조한다. 이른바 인드라

망 세계에서 모두가 상즉상입(相卽相入), 상호침투, 상호일치한
다는 것이다. 이사무애(理事無礙)뿐 아니라 사사무애(事事無礙)
의 경지, 즉 본질과 현상, 현상과 현상 사이에 아무 걸림이 없는
경지다.

이런 심층 차원의 신앙을 가질 때 이웃에 대한 참된 사랑이 저
절로 나온다. 이웃과 내가 하나이므로 이웃이 아플 때 그것이 곧
나의 아픔으로 다가온다. 뿐만 아니라 내가 하느님을 모시는 것
처럼 내 이웃도 하느님을 모시고 있기에 이웃 대하기를 하느님
섬기듯 할 수밖에 없다. 이른바 동학에서 말하는 사인여천(事人
如天)이다. 사람과 하늘이 하나라 사람 섬기기를 하늘 섬기듯 하
는 것이 중요한 것은 물론이고, 사실은 사람뿐 아니라 동물, 식
물, 광물마저도 다 하나라 보고 아끼고 경외하는 마음을 갖는 것
이다. 자연히 동학에서 전하는 경천(敬天), 경인(敬人), 경물(敬
物)의 삼경(三敬) 사상이 나올 수밖에 없다.

넷째, 표층 종교가 종교 경전의 표층적, 문자적 뜻에 매달리는
데 반해, 심층 종교는 문자주의를 배격하고 문자 속에 들어 있는
'속내'를 찾아 본다. 심층 종교가 이처럼 문자주의에 사로잡히지
않는 이유는 깊은 종교적 깨달음의 경지, 내 안의 참나를 찾는
일, 우리 모두가, 더 나아가 전 우주가 하나라는 사실 등의 발견
은 대단히 엄청난 것이라 우리가 쓰는 보통의 말로 표현할 수 없
다는 사실을 알기 때문이다. 이런 경지를 말로 다 표현할 수 없

으므로 말의 표피적 뜻에 집착하지 않고 그 너머를 본다는 뜻이다. 심층 종교는 경전에 나오는 말을 상징적, 은유적, 유비적으로 이해하고 그것들이 가리키는 종교적 실재를 체험하고자 한다. 불교적 용어로 하면 불립문자(不立文字)다. 문자가 필요 없다는 뜻이 아니라 종교가 '달을 가리키는 손가락'의 역할을 할 때 제 기능을 다한다고 보는 것이다.

이런 가르침을 가장 힘주어 가르친 이는 사도 바울이다. 그는 "하나님께서 우리에게 새 언약의 일꾼이 되는 자격을 주셨습니다. 이 새 언약은 문자로 된 것이 아니라, 영으로 된 것입니다. 문자는 사람을 죽이고, 영은 사람을 살립니다."(고후 3:6, 새 번역)고 했다. 여기서 '영'이라고 번역된 표현은 '정신'이라고 해도 좋을 것이다. 문자는 사람을 죽이지만 그 문자 뒤에 있는 영, 정신, 속내는 사람을 살리는 힘을 가지고 있다는 뜻이다.

다섯째, 표층 종교가 대체로 자기 종교만 진리라고 주장하는 배타적인 태도를 취한다면, 심층 종교는 종교의 다양성(plurality)을 인정하고 자기 종교가 진리를 독점한다는 주장을 하지 않는다.[1] 종교의 심층에 접한 사람은 인간 지성을 통한 표현이 얼마나 한정되어 있는지 잘 알기 때문에 종교 경험에 대한 한 가지 표현, 비록 그것이 자기가 철석같이 믿고 있는 표현이더

---

1) 종교 간 관계에 대해서는 폴 니터, 유정원 역, 『종교신학입문』(분도출판사, 2007) 참조

라도, 그것만을 절대화할 수 없다. 자기 종교만 진리라고 주장하는 대신 군맹무상(群盲撫象)의 이야기처럼 각자 자기가 만진 코끼리 경험을 토대로 모여 앉아 대화하면서 코끼리의 실상에 가까운 그림을 함께 그릴 수 있도록 노력하겠다는 다원주의적 태도를 취한다.

표층에서 심층으로

우리의 종교 생활은 대부분 표층에서 시작한다. 개인적으로도 그렇고 인류 역사 전체를 보아도 그렇다. 따라서 표층 자체가 나쁘다고 생각할 필요는 없다. 현실적으로 지금의 나를 중심으로 종교 생활을 시작하기 때문이다. 그러나 우리의 믿음이 표층에서 시작했더라도 거기에 안주해서는 곤란하다. 산타가 굴뚝을 타고 내려와 선물을 주고 간다고 하는 생각은 어릴 때라면 얼마든지 할 수 있다. 그러나 마흔이 넘었는데도 크리스마스에 지붕에 올라가 굴뚝을 쑤시고 있다면 한심하지 않을까? 종교의 깊이에 접한다거나 믿음이 자란다는 것은 이런 표층 신앙에서 심층 신앙으로 넘어가는 심화 과정을 밟는다는 뜻이다.[2] 심화 과정을 등한시하거나 거부하는 것이 바로 '종교적 발달 장애'다.

---

2) 그리스도교 전통뿐 아니라 세계 종교에서 심층에 이른 종교인들의 삶과 가르침을 소개한 책으로 필자의 『종교, 심층을 보다』(현암사, 2011)를 참고

그리스도교의 경우 앞서 든 몇 가지 예와 같이 예수나 사도들, 믿음의 선구자들의 삶과 가르침을 통해 표층에서 심층으로 옮겨 가는 심화 과정을 밟을 수 있다. 한 가지 덧붙이자면 그리스도교에도 깨침과 '하느님 나라'의 내재성을 강조하는 『도마복음서』 같은 문서가 있다.[3] 4세기 콘스탄티누스가 로마 황제가 된 후 폐기처분 명령을 받고 사라졌다가 1945년 이집트 나그함마디에서 발견된 이 복음서를 비롯해 불교, 도가 사상, 신유학 사상 같은 이웃 종교나 사상 체계를 보면 이런 심화 과정이 무엇을 뜻하는지, 그리고 그런 과정이 왜 필요한지 더욱 뚜렷하게 인식할 수 있을 것이다.

불교 역시 오늘날 기복 일변도의 종교적 태도에서 깨침을 얻어 자유에 이르라는 부처의 정법(正法)으로 돌아가야 한다. 유교도 형식주의적이고 복고적인 태도를 벗어 버리고 소인배의 마음가짐에서 군자의 대의를 품으라는 공자의 뜻이 무엇인지, 맹자나 신유학에서 보는 것처럼 의식의 변화를 통해 이룰 수 있는 성인(聖人)의 경지가 무엇인지 분명히 하고 이를 추구하는 데 심혈을 기울여야 한다. 물론 불교인이나 유교인도 그리스도교나 기타 이웃 종교를 연구하고 그들과의 대화를 통한다면 자신들의 영적 위치가 어디인지를 더욱 분명히 알 수 있을 것이다. 종교학

---

3) 「도마복음서」 풀이를 위해서는 필자의 『또다른 예수』(예담, 2009)를 참고

의 창시자 막스 뮐러(Friedrich Max Müller)의 말처럼 "하나의 종교만 아는 사람은 아무것도 모르기" 때문이다.

심층 종교로 나아가기

신학자들이나 종교학자들의 진단에 따르면, 한국 종교인 절대 다수는 여전히 표층 신앙에 머물러 있다. 신앙 생활이 '나 중심' 혹은 '우리 중심'에 맴돌고 있다. 이렇듯 개인이나 집단 이기적인 표층 신앙 때문에 현재 종교계에 바람직하지 못한 현상이 속출하고 있다고 볼 수 있다. 이른바 종교의 역기능이다.

가톨릭 신학의 거장 카를 라너(Karl Rahner) 같은 독일 신학자들이나 기타 종교학자, 종교문화 비평가들이 말하듯, 21세기에는 표층 종교의 자기중심적 관행이 무의미한 것으로 취급될 수밖에 없을 것이다. 뉴욕 유니온 신학교에서 오랜 기간 학생들을 가르쳐 온 독일 신학자 도로테 죌레(Dorthee Soelle)는 이제 심층 종교가 많은 사람에게 퍼져나갈 것이라는 심층 종교의 '민주화'를 주장하고 있다. 아무튼 이런 표층 신앙에 함몰되어 생기는 여러 가지 부작용이 줄어들고, 더욱 많은 사람이 심층 종교가 줄수 있는 생명력과 시원함을 누리게 되기를, 그리하여 한국 사회가 '자유, 평등, 평화, 행복 가득한' 희망의 나라가 되기를 기원해본다.

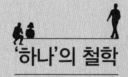

'하나'의 철학

종교적 성숙을 바탕으로 말하다

김성곤

19대 국회의원이자 아시아종교평화회의 사무총장. 고려대학교 사학과를 졸업하고, 미국 템플 대학교
에서 종교학으로 철학박사 학위를 받았다. 귀국 후 종교평화운동에 매진하면서 1993년 한국종교인평
화회의의 사무총장, 1999년 한민족평화통일연대 이사장을 역임했다. 15대 국회의원으로 정치에 입문,
현재 4선 국회의원으로 활동 중이다. 지은 책으로 『도의 정치』, 『평화』가 있다.

'하나'의 의미

'하나'는 내가 가장 좋아하는 단어 가운데 하나다. 여기에는 숫자로서 지닌 한 개(one)라는 의미 이상의 심오함이 있다. 내가 말하는 '하나'는 여러 개 중 하나(one of them)가 아니고 절대적인 하나(the One)다. 그것은 우주에 널리 차 있는 무소부재의 하나이자, 형상도 색깔도 없는 하나, 우주를 지배하는 영(靈)으로서의 하나다.

이를 유대교, 기독교, 이슬람교 등 소위 아브라함 전통의 종교(Abrahamic religions)에서는 유일신이라 하고, 힌두교에서는 브라흐만(Brahman)이라고 한다. 또 우주의 절대자란 의미에서 범아(凡我, the Great Self)라고도 한다. 이것은 깨달음을 통해 참된 나와 하나 되는 것이며 그러한 의미에서 우리의 정신이나 의식 속에는 이미 하나님과 통할 수 잠재적 통로 혹은 씨앗이 있다. 기독교의 '말씀' 또는 로고스(logos)나 도교의 도(道), 유교의 이 (理)는 하나님이나 절대자 개념을 우주적 현상 및 윤리적 원리 로 풀어 놓은 것이다.

나의 철학은 한마디로 '하나의 철학'이다. 대학에서 역사학을 전공할 때, 수많은 역사적 사실 뒤에 이를 꿰뚫는 하나의 법칙이 나 일관된 섭리가 무엇인지 궁금했다. 또 과학에 관심을 가지면 서 수많은 자연 현상 뒤의 보편적 법칙이 무엇인지 궁금했다. 나 아가 종교에 관심을 가지면서 모든 종교에 존재하는 공통 메시 지 혹은 절대 진리가 무엇인지 궁금했다. 그리고 정치를 하는 지 금은 모든 정치적 이념, 경제적 원리의 인류 보편적 원칙이 무엇 일까 궁금하다. 시공을 초월한 보편적(universal) 법칙, 하나의 원 리가 무엇일까? 내 삶은 결국 이 하나의 질문을 찾아가는 구도 역정기라 할 수 있다.

학업을 마친 이후 현재까지 20년 동안 종교 간 평화 운동에 몸 담고 있는 것도, 정치에 입문해서 '일치의 정치' 운동을 추구하 는 것도 모두 이런 '하나'의 철학에 바탕이 있다. 과거 위대한 철 학자들이나 종교인들, 과학자들이 추구했던 것도 '하나'의 다른 이름에 지나지 않으며 위대한 정치가, 평화 운동가들이 이루려

했던 것도 모두 '하나'의 이상을 현실에 구현하는 것이었다. 내가 말하는 '도의 정치'도 마찬가지다.

동양 고전에 나타나는 '하나'의 사상

'하나'의 사상은 동서고금을 막론하고 모든 문명에서 찾아볼 수 있지만 여기서는 주로 동양 사상에 나타난 '하나'의 철학에 대해서만 설명하겠다.[1]

동양의 대표 사상인 유교와 도교는 서양 종교들과는 달리 신의 계시에 의한 것이 아니라 우주, 자연의 현상에서 대 법칙을 발견하고 그 위에 인생의 법칙을 구축했다. 『주역(周易)』에는 "일음(一陰)과 일양(一陽)을 도(道)라 한다."라는 구절이 나오는데 이는 우주가 음양의 법칙에 의해 변함을 말한다. 노자(老子) 『도덕경(道德經)』에는 "도에서 일(一)이 생기고 일에서 이(二)가 생기며 이에서 삼(三)이 생기고 삼에서 만물이 생긴다.(42장)"며 "천하 만물은 유(有)에서 생겨나며 유는 무(無)에서 생겨난다.(40장)"고 했다. 또한 도는 "태일(太一)"이며 "유무를 통섭하는 것"이라고도 했다. 후일 신유학자 주돈이(周敦頤)는 『태극도

---

1) 서양에서 '하나로 돌아가라.'라고 외치며 '하나(to hen)'를 강하게 강조한 사상가는 신플라톤주의 창시자 플로티노스(205~270)라 할 수 있다. 그의 사상에 대해서는 오강남, 「종교, 심층을 보다」(현암사, 2011), 37~43쪽 참조

설(太極圖說)』에서 "무극(無極)이 태극(太極)을 낳고, 태극이 동(動)하여 양(陽)을 낳고 정(靜)하여 음(陰)을 낳는다."라고 했다. 여기서 무극은 불변의 자리요 태극은 변하는 자리라고 할 수 있으나 이는 음양의 관계처럼 상보적 관계에 있고, 결국 무극이나 태극, 음양이나 도가 다 같은 현상의 다른 표현일 뿐이다.

동양 사상의 우주론적 근거인『주역』은 우주와 자연의 현상을 음양과 64괘로 설명한다. 64괘의 복잡한 현상을 한마디로 설명하면, 우주에는 변하는 자리와 변하지 않는 자리가 공존한다는 것이다. 다시 말해 태양은 불변이나 하루 24시와 사계절의 변화가 있고, 달 역시 본체는 불변이나 나타나는 현상은 한 달을 주기로 그 모습이 수시로 바뀐다. '역(易)'이란 단어는 해(日)와 달(月)의 합성어로, 해는 양이며 달은 음이고 해는 불변, 달은 변하는 것을 상징하고 있어 역은 결국 변과 불변의 합성어라고 할 수 있다.

동양인들은 주역의 원리에서 개인과 국가의 미래를 점치기도 했다. 하지만 결국 주역이 인간에게 주는 지혜는 '군자는 편안할 때 위태한 것을 잊지 아니하고 위태할 때 평상심을 잃지 말아야 한다'라는 것이다. 즉 상황이 좋을 때 안주하지 말고 위기를 생각하며, 위기가 올 때에는 그 속에 기회가 있으니 평상심을 잃지 말라는 뜻이다. 또 '양이 극하면 음이 생성되고 음이 극하면 양이 생성'되므로, 모름지기 사람은 극할 때를 조심해야 한다고 이른다. 더불어 주역은 "겸손하면 형통한다. 천도(天道)는 가득 찬 것을 덜어내고 빈곳을 보탠다. 귀신은 가득 차 있는 자에게 손해를 주고 겸손한 자에게 복을 준다."며 채우려고 욕심내는 사람을 경고하면서 자신을 비우는 겸손한 사람을 격려한다.

이러한 주역의 우주론은 후일 성리학으로 발전해 우주의 현상을 '이(理)'와 '기(氣)'로 설명한다. 즉 우주에는 우주를 움직이는 에너지로서의 '기'가 있고 그것을 움직이는 법칙인 '이'가 있다는 것이다. 그리고 사람과 동물, 식물과 광물이 각각 존재하는 이치가 있으나 이 모두를 통합해 태극이 존재하고 태극과 만물의 관계는 달 본체와 수천 개의 강에 비추어진 달의 관계와 같다는 것이다. 신유학자 장재(張載)는 앞서 말한 우주의 근원인 무극(無極) 혹은 태허(太虛)가 그냥 텅 비어 있는 무극, 태허가 아니고 창조적 에너지로 가득 찬 무극이라고 하면서 "공(空)이 기(氣)라는 것을 알면 무(無)가 없다는 사실을 안다", "기(氣)가 모이면 생(生), 흩어지면 사(死)"라고 했다. 그는 오늘날 천문학자들이 말하는 우주의 성간(星間) 물질을 이미 수백 년 전에 설파했으며 천지 만물이 하나의 '기'로 되어 있으므로 모든 인간을 형제처럼 여겨야 한다는 사해동포주의(四海同胞主義)를 주장했다.

이러한 동양의 우주론에 영향을 받은 중국판 대승불교인 화엄(華嚴)불교는 우주 만물의 관계를 '일즉다 다즉일(一卽多 多

卽一)', 즉 하나가 전체요 전체가 하나라는 간결한 메시지로 표현한다. 화엄사상에 의하면 우주 만물의 관계는 인도 신화에 나오는 인디라망의 그물코마다 걸려 있는 수천만 개의 구슬과 같다. 수천만 개의 구슬이 다시 수천만 개의 구슬을 영롱하게 비추는 중중무진(重重無盡), 사사무애(事事無碍)의 장엄한 모습을 상상해 보라! 이 우주론에 의하면 현대의 생명공학 기술로 극미한 줄기세포에서 소 한 마리를 복사하듯이 우리의 머리털 하나에서 우주 전체를 생산해 낼 수 있다는 사실을 알 수 있다.

또한 강한 구원의 메시지를 교리로 삼는 천태(天台)불교 사상은 부처와 중생의 차이는 본질적인 것이 아니라 중생이 변해 부처가 된다고 본다. 즉 모든 중생은 자신의 성품 속에 부처의 씨앗이 숨어 있음을 알고 불성을 깨닫고 양성하면 누구나 부처가 될 수 있다는 보편적 구원론을 강조하는 것이다. 또한 동양 불교의 극치라고 하는 선불교(禪佛敎)는 부처와 중생, 불법과 생활이 둘이 아님(不二)을 강조하며 평상심시도(平常心是道) 즉 평상심 속에 도가 있음을 가르친다. 만물에 불성이 있음을 깨달으면 정토(淨土, 부처의 세계)가 다른 곳에 있지 않고 지금 내가 서 있는 바로 그 자리에 있다는 것이다.

동양의 우주론을 종합하면, 모든 것은 무상하게 변하되 그 속에 변하지 않는 원리가 있고, 만물은 극하면 반드시 반대의 현상(反者道之動)을 일으키며, 모든 것이 '하나'로 통해 그 '하나'는 또 모든 것에 통한다. 또한 음과 양, 중생과 부처, 생과 사, 유와 무 등 반대되는 모든 것은 둘이되 결국 둘이 아니니 도가 다른 데 있는 것이 아니라 바로 지금 여기 있다는 것이다.

'하나'로 통한다

서양 종교[2]를 유신론(唯神論)이라고 한다면, 동양 종교는 유심론(唯心論)이라고 할 수 있을 정도로 동양 종교와 철학에서는 마음의 문제, 정신의 문제를 깊이 다룬다.

여기서 신(神)과 정신(情神)이란 한자어에 주목할 필요가 있다. 서양 종교에서 말하는 신, 특히 유일신 하나님이란 우주를 창조하고 주재하는 절대자를 의미하는 데 반해 정신이란 인간 개개인의 혼, 의식, 마음을 의미한다. 다시 말해 개인의 정신은 우주를 주재하는 신의 분신이라 할 수 있다. 성경에 창조주 하나님이 자신들의 모양을 본떠 인간을 만들었다고 하는데 여기서 하나님의 모습이란 물질적인 것이 아니라 정신적인 것을 의미한다. 하나님의 말씀을 '로고스'라고 하며 인간의 이성 역시 '로고스'라고 하는 사실로 미루어 보면 인간 이성은 하나님의 신성 혹

---

2) 편리상 본 글에서는 서양 종교는 유대교, 그리스도교, 이슬람교 등 아브라함 계통의 종교를 의미하며 동양 종교는 힌두교, 불교, 유교, 도교 등 인도와 동아시아 계통의 종교를 의미한다.

은 성령의 분화신이라고 할 수 있다. 즉 인간의 이성 속에는 하나님을 알 수 있는 통로가 있는 것이다.

혹자는 하나님은 오직 하나님 스스로의 계시에 의해서만 알수 있다고 말하는데 그렇다면 같은 계시 종교인 유대교와 기독교, 이슬람교의 계시 내용이 상충할 경우 어느 누가 옳고 그른지는 인간으로서는 판단할 수 없는 것이다. 결국 자신이 믿고 있는 계시가 오직 유일한 진리이기 때문에 진리가 아니라고 믿는 다른 계시, 다른 종교는 때려 부수고 멸망시키는 수밖에 없다. 이것이 중세의 십자군이며 지금까지 성전(聖戰)이란 핑계로 계속되는 종교 전쟁이다. 그러나 만약 서로 상충되는 계시가 신의 탓이 아니고 그 계시를 듣고 받아 적는, 혹은 그 계시를 해석하는 인간의 무지 때문이라고 하면 신의 이름으로 벌이는 모든 전쟁은 신이 아니라 인간 때문이다. 이제는 무조건 신의 계시만 말할 것이 아니라 그 계시를 받아 적고 해석하는 인간의 이성과 양심에 먼저 물어봐야 한다. 우리가 어린 아이였을 때는 모든 일을 부모에게 물어 판단하지만 어른이 되면 스스로의 양심과 이성으로 판단해야 한다. 과연 언제까지 부모에게 의존할 것인가?

우주를 주재하는 영으로서의 신(大靈, Great Self)과 개개 인간의 정신(個靈, Individual Self)의 관계는 인도 사상에서 브라흐만(Brahman, 凡我)과 아트만(atman, 個我)의 관계로 잘 설명할 수 있다. 브라만은 우주를 주재하는 최고의 신이며 아트만은 인간

개개인의 혼을 의미한다. 힌두교에서 구원이란 이 아트만이 브라만과 결국 둘이 아닌 경지에 이르는 것을 의미하는데, 힌두교의 고대 경전 『찬도기아 우파니샤드(Chandogya Upanishad)』에서는 이를 "타트 트밤 아시(tat tvam asi)", 즉 "그것이 당신"이라고 가르친다. 이는 근본 영혼인 브라만과 깨달음을 얻은 당신 영혼이 하나가 됨을 의미하며, 이를 '범아일여(梵我一如)'라고 한다. 성경에 등장하는 "하나님이 내 안에서 거하고 내가 하나님 안에서 거한다."는 표현과 다르지 않다.

나는 종교학도 시절 힌두교 사상을 공부하면서 동양의 유심론와 서양의 유신론의 '끊어진 고리(missing link)'가 동서양의 가운데인 인도 종교에서 있다는 사실을 깨닫고 동서의 다양한 종교의 관계가 일곱 색깔 무지개 같다는 생각을 했다. 하나의 태양에서 나온 빛이 프리즘을 통해 파장의 길이에 따라 각기 다른 색깔로 나타나는 것처럼, 인류사의 각기 다른 종교 문화도 결국은 '하나'이나 역사와 문화의 차이로 인해 각기 다른 모습으로 형성된 것이다. 따라서 오늘날 모든 종교 신자는 알고 보면 같은 아버지 밑에 태어난 형제들이요, 나아가 모든 인류와 생명체는 다 같은 '기'의 부림이자 '이'의 나타남인데 민족이 다르고 종교가 다르다고 싸우는 것은 결국 우주의 근원이 '하나'라는 것을 모르는 소치에서 나오는 것이라 할 수 있다.

같은 지구지만 동시에 밤과 낮이 동서 위치에 따라 달리 나타난다. 지구의 북반구가 여름이면 반대쪽 남반구는 겨울이다. 둥근 지구가 태양을 중심으로 공전, 자전하고 있기 때문에 생기는 현상이다. 같은 생명체라 해도 암컷과 수컷이 있어야 개체가 번식하고 인간도 남녀가 있어야 종족이 유지된다. 여기에 천지의 도가 음과 양으로 변화하는 이유가 있다. 그렇기 때문에 지구의 문화도 필연적으로 음과 양으로 나뉘는 것이 아닐까? 서양의 문화가 남성적이고 동적(動的)인 양(陽)의 문화라면 동양의 문화는 여성적이고 정적(靜的)인 음(陰)의 문화다. 동양 종교와 서양 종교의 차이도 분명히 그러한 인류 문화의 음과 양 차이에서 나온 것이리라. 남자와 여자가 상보적 관계에 있고 그 관계를 통해 새로운 인류가 이어지듯이, 동양 종교와 서양 종교도 분명 상보적 관계에 있으며 그 상호관계가 인류의 정신문화를 지속하게 만드는 힘일 것이다. 이것이 천지의 도, '하나'의 법칙이다.

'하나'의 미래

우주의 근원인 '하나' 자체는 영구불변이나 '하나'가 인류에게 보이는 모습은 계속 진화한다. '하나' 자체가 진화하는 것이 아니고 이를 인식하고 해석하는 인류의 의식이 진화하는 것이다. 그래서 인류의 의식이 유아기였을 때에는 '하나'에 대한 해석도 유치하고 신화적이었으나, 인류의 의식이 성숙하면서 '하나'에 대한 해석이 보다 어른스럽고 철학적이 된다. 어릴 때와 어른이 되었을 때 세상을 보는 눈에 분명한 차이가 있듯이 인류의 집단 의식에도 미숙과 성숙에 차이가 있다. 예를 들어 고대에는 지구가 평평했다고 믿었고 노예제도와 같은 사회 제도 역시 문제가 아니었으나, 성숙한 현대 인류는 지구가 둥글다는 것을 알고 있으며 노예제도가 부끄러운 제도임을 깨닫고 폐지했다. 어린이와 여성, 장애인 등 사회적 약자에 대한 인식도 수백 년 전과 지금은 천양지차이며 강대국이 약소국을 식민지로 만드는 것도 이제는 용납되지 않는다.

모든 생명체는 불쾌보다는 쾌를 추구하고 모든 인간은 불행보다는 행을 추구한다. 인류가 미숙했던 과거에는 (지금도 상당수는 그렇지만) 남을 해쳐서라도 자신의 행복을 추구하고자 했다. 그러나 인류가 차츰 성숙하면서 스스로의 이성과 경험을 통해 남에게 죄를 짓는 것은 자신에게나 공동체 전체에 도움이 되지 않는다는 것을 깨달았다. 그리하여 고통으로 변할 잘못된 낙은 취하지 않고 진정한 행복을 가져다줄 옳고 정의로운 길을 택하고, 택하길 원한다. 결국 인간은 성숙하면서 악을 버리고 선을 택하게 되어 있고 인류의 스승들이 수천 년 전부터 제시한 진리의 길을 택할 수밖에 없을 것이다. 그것이 자신의 영원한 행복을 택하는 길이기 때문이다. 이렇게 인류가 정신적으로 성숙하는 것은 생명체 진화의 필연적 방향이며 태초부터 하나님이 섭리한 방향

이라고 생각한다.[3]

프랑스의 고생물학자이자 가톨릭 사제인 떼이야르 드 샤르댕 (Teilhard de Chardin)은 원시 인류를 연구하면서 과학과 신앙이 조화된 통일적 세계관을 제시했다. 그는 진화의 현상은 복잡화 와 통일화 과정을 거친다고 말하며 진화의 방향은 인간 의식을 선두로 신적(神的)인 종착점을 향한다고 했다. 그리고 그 진화의 맨 끝 부분에 예수 그리스도가 있다고 믿었다. 불교에서도 모든 인간에게는 불성의 씨앗이 있기에 수행을 통해 그리고 수많은 인과응보와 윤회의 과정을 통해 꾸준히 부처의 깨달음에 다가가 고 있다는 것이다. 한국에서 구한말 종교적 선지자들(최수운, 강 증산, 소태산 등) 역시 인류가 청년기를 거쳐 진급기에 들면서 미 래 사회는 매우 도덕적이고 평화로워질 것이라고 예언했다. 그 때가 되면 보통 사람들도 견성(見性) 정도는 가정에서 하고 더 큰 깨달음을 얻기 위해 출가수행을 하며, 서로가 서로를 위해 양 보하고 사랑하는 상생의 세계가 올 것이라고 예언했다. 다시 말 해 세상은 말세로 가는 것이 아니고 희망찬 미래를 향해 진화하 고 있다. 지나친 낙관주의일까?

---

3) 달라이 라마가 쓴 『종교를 넘어』(김영사, 2013)에서도 이와 비슷한 생각이 나타나 있다.

'하나'로 살자

'하나'가 우리에게 말하는 것은 결국 만유가 하나요, 모든 생명체와 인류가 한 몸이라는 사실이다. 종교에서 말하는 깨달음과 구원은 결국 이 '하나'와 내가 하나 되는 것이며 이를 통해 모든 생명체와 인류를 형제처럼 사랑하는 것이다. 정치가 추구해야 할 것도 바로 하나의 깨달음을 현실 사회에 구현하는 것이다. 즉 강대국과 약소국, 부자와 빈자, 건강한 사람과 장애인, 다수와 소수 이 모두가 한 몸, 한 형제이므로 서로 미워하지 말고 돕고 화합해 평화로운 세상을 만들자는 것이다. 그 정치적 이념이 무엇이든 이것을 추구하지 않는 정치는 사이비 정치, 잘못된 정치다.

만물, 만유가 하나라고 해서 모든 개체 사이의 차이를 무시해도 좋다는 소리가 아니다. 오히려 만유가 하나라는 진정한 의미를 깨달으면 개체 사이의 차이점을 존중하고 도와줄 수밖에 없다. 남자와 여자의 차이, 어른과 아이의 차이, 강국과 약소국의 차이, 이 모든 차이를 존중하고 이에 따라 적절한 정책을 세우는 것이 진정 평등 사회, 윤리적 사회다.

또한 동서양의 차이처럼 모든 민족, 모든 종교, 모든 문화의 다양성을 존중해야 한다. 다양성을 무시하고 모든 것을 하나로 만들고자 하는 행위는 획일주의이자 전체주의지 진정한 의미의 하나가 아니다. '하나'는 모든 것을 똑같이 만드는 것이 아니고 그 안의 무한한 다양성과 차이를 존중하며 포용하는 것이다. 이것이 진정한 민주사회의 대전제다. 내가 말하는 도의 정치도 바로 이 '하나'를 모든 구성원이 깨닫고 '하나'의 가르침을 각 분야에서 실천하고 구현하는 일이다.

우리 모두 '하나'로 살자. 이것이 오늘날 불행하게도 여러 가지 부정적 요인을 드러내고 있는 현실 종교를 넘어 "아하!"를 외칠 수 있는 바탕을 구축하는 일이 아닐까?

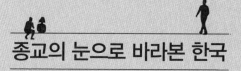

종교의 눈으로 바라본 한국

새로운 종교 사상이 싹틀 수 있는 토양

윤대규

경남대학교 법학과 교수. 서울대학교 법학과를 졸업하고 경남대학교 대학원을 거쳐 미국 워싱턴대학교 로스쿨에서 법학 박사학위를 취득했다. 이후 경남대학교 법학과 교수로 부임해 법학을 가르치고 있으며 협력 대학인 북한대학원대학교에서 북한법을 강의하고 있다. 동 대학교 극동문제연구소 소장과 북한대학원 원장을 역임했다. 지은 책으로는 『법사회학』, 『북한에 대한 불편한 진실』 등이 있다.

종교의 탄생과 문명의 전환

인류 문명사는 여러 각도에서 설명할 수 있으나 종교사라 해도 과언이 아니다. 그 정도로 종교는 인류 문명에 결정적인 역할을 해 오고 있다. 한 사회의 정치는 물론 도덕과 윤리, 문화와 예술 등 인류 대부분의 삶은 종교를 바탕으로 전개되어 왔다. 종교가 인류의 삶에 미치는 영향은 가히 절대적이라고 해도 틀리지 않다.

새로운 문명으로의 전환은 대부분 새로운 종교가 발생하면서 비롯되었고, 새로운 종교는 기존의 종교에 대한 개혁에서 탄생하는 경우가 많다. 기존 종교에 대한 새로운 차원의 대안적 해석을 통해 인식이 달라지거나 사고의 패러다임이 전환되면서 문명사에 변화가 이루어졌다. 서구의 대표적인 종교인 그리스도교의 경우만 보아도 예수의 그리스도교는 기존의 종교인 유대교에 대한 개혁에서 비롯되었고, 개신교는 구교에 대한 개혁에서 비롯되었다. 동양의 불교나 유교도 마찬가지다.

지금 이 시대의 문명은 과학 기술과 교통·통신의 발달로 과거와 크게 달라졌다. 과거와 달리 지역 내지는 대륙적 단위를 넘어전 지구적 단위, 이른바 '지구촌' 문명으로 확장되고 있다. 지역 내지 대륙 단위의 종교들도 이제 지구촌 문명과 함께 적응하거나 진화하지 않으면 안 되는 시점에 와 있다. 이와 같이 환경이 크게 바뀌면서 기존의 종교 이론과 사고방식으로는 설명할 수 없는 새로운 현상이 일상화되고 있다. 과거의 종교 개혁도 사실은 기존의 종교 교리로서는 달라진 현실을 설명할 수 없는 괴리가 심화되면서 발생했다. 이에 기존의 주류 사상을 대체할 수 있는 새로운 사상에 대한 모색이 활발하게 일어나게 되었다. 한국 사회를 풍미하는 패러다임 전환이니 말세니 종말이니 개벽이니 후천시대니 하는 것들도 지금이 이러한 문명의 전환기임을 말해주는 하나의 징표이며, 새로운 사상이나 가치관의 대두에 대한 갈망을 의미한다.

크리스천 시대로부터 포스트 크리스천 시대로

세계가 하나로 통합되고 있는 지구촌 시대에 발맞추어 종교 간의 대화나 화합은 당연한 일로 여겨지고 있다. 그러나 이러한 종교 간의 대화나 화합에서 가장 불편한 입장에 놓이게 된 종교 는 다름 아닌 그리스도교(특히 개신교), 유대교, 이슬람교와 같이 유일신 중심의 신앙 체계를 가지고 있는 종교들이다. 이들 종 교에 속한 상당수의 신도들은 자신의 신만을 유일한 신으로 섬 기며 자신들이 받드는 경전의 신성불가침성과 무오류성을 바탕 으로 하는 배타적 신앙을 하고 있기 때문에 다른 종교와 화합하 는 것이 교리상으로 어렵다. 이러한 일신교는 자신의 교리의 진 리성을 개방적이 아닌 폐쇄 체계 내에서 주장하고 있기 때문에 종교 간의 대화도 어려운 것이다. 이런 점에서 보면 현대 종교의 문제는 결국 일신교의 문제라고 해도 과언이 아니다. 물론 천주 교와 같이 기존의 교리 체계 내에서도 다소 유연한 해석을 통해 종교 간의 화합을 찾을 수도 있으나 그 한계가 있기 마련이다.[1]

이들 일신교 신앙은 모두 중동의 사막이라는 척박한 환경에서 종족의 안전을 보호하기 위한 방안의 일환으로 발전했다. 동양 의 종교들은 농경사회에서 시작했다. 농경사회의 생활은 사막에

---

1) 그러나 여기서는 편의상 천주교와 개신교를 구별하지 않고 그리스도교로 통합하여 서술 한다.

서 요구되는 처절한 생존 경쟁과는 다르다. 사막에서 다른 종족 과 전쟁시 가장 귀중한 재산이자 생명줄인 양을 빼앗길 경우 이 는 곧 죽음을 의미했다. 따라서 승자가 양을 약탈하고 나서 적을 모두 죽이는 일은 당연했다. 따라서 전쟁은 치열할 수밖에 없었 고 종교적 교리가 배타적일 수밖에 없는 이유도 여기에 있다.

그러나 농경사회의 전쟁은 농산물을 약탈하는 것이 전부다. 농 사의 근원인 땅 자체를 약탈해 갈 수 없으며, 패자도 한 철만 넘 기면 다시 작물을 수확하며 살아갈 수가 있다. 따라서 사막에서 의 전쟁처럼 잔인하지 않다. 몽고군의 전쟁이 특별한 것은 몽고 가 같은 동양이지만 농경사회가 아닌 유목사회 국가란 점에서 이해하면 쉽게 수긍할 수 있다. 이런 각도에서 보면 불교나 유교 와 같이 동양의 농경사회에서 발생한 종교들은 애초에 배타성을 기본 요소로 하지 않기 때문에 새로운 환경 변화에 적응하는 데 아무런 문제가 없다. 교리 자체가 그러한 변화와 포용을 내포하 는 것이다.

일신교 중 그리스도교는 4세기 초 로마제국에 의한 국교화 이 후 서구 문화의 핵심으로 자리 잡으면서 서구의 영향력 확대에 발맞추어 세계적으로 영향력을 확장해 왔다. 르네상스 이후 과 학의 발전과 산업혁명을 거치며 서구의 문명이 세계를 지배했고 그리스도교 문화도 비서구 문화에 대해 갖는 우월성의 사상적 배경이 되었다. 세계는 그리스도교 사상이 주류를 이루는 이른바 '크리스천(Christian) 시대'를 구가해 왔다.

그러나 교통 · 통신을 비롯한 과학의 발달, 교류의 확대로 인한 경험의 확대, 종교적 교리에서 비롯된 전쟁 등 역사적 오류에 대한 반성과 함께 서구 중심의 세계 정치질서에 변화가 나타나면서 그리스도교 중심의 서구 사회는 큰 난관에 직면했다. 기존의 그리스도교의 교리와 새로운 환경의 변화를 어떻게 조화롭게 받아들이고 극복할 것인가는 그리스도교인의 가장 중요한 고민으로 자리 잡았다. 그리스도교 교리와 경험적 상식 간의 갈등, 그리스도교 교리와 과학적 지식 간의 갈등, 나아가 그리스도교 교리와 양심 간의 갈등을 어떻게 극복할 것인가가 초미의 과제가 된 것이다.

그리스도교가 지금까지 지켜 온 전통적 교리로는 위와 같은 갈등을 해결할 수가 없다. 과거 서구 그리스도교가 수행해 온 것과 같은 개혁적 전환을 통해 진화하지 않을 수 없는 국면을 맞이한 것이다. 2000년 전 예수도 전혀 새로운 말을 한 것이 아니라 사회적 변화를 수용해 기존의 종교인 유대교에 대한 새로운 해석을 함으로써 근본적인 인식의 전환을 가져왔다. 16세기의 종교개혁도 시대적 변화를 수용한 성서에 대한 새로운 해석에서 비롯되었다. 그렇다면 지금의 그리스도교에 필요한 것도 새로운 변화를 수용하지 못하는 화석화된 기존 교리에 대한 새로운 해석이다. 이는 곧 과거의 전통적인 '크리스천(Christian) 시대'로부터 '포스트 크리스천(Post-Christian) 시대'로의 전환을 의미한다고 볼 수 있다.

'포스트 크리스천(Post-Christian) 시대'란 '그리스도교 이후 시대' 혹은 '탈그리스도교 시대'라고 할 수 있는데, 그 핵심은 지금의 그리스도교를 전적으로 부정하거나 폐기하는 것이 아니라 과거의 예와 같이 지금의 그리스도교가 갖고 있는 교리적 갈등과 모순을 극복한 이후의 그리스도교를 의미한다. 그리스도교가 시대적 변화에 맞추어 진화함으로써 새로운 현상을 모순 없이 설명할 수 있는 교리로 발전한다면 기존과는 질적으로 차원이 다른 그리스도교가 될 것이다. 그렇지 않으면 그리스도교는 외면 당할 수밖에 없는 운명을 맞이할 것이다.

그리스도교의 바탕이 되는 예수의 말뿐만 아니라 성인의 말이 시대와 장소를 초월하여 영속성을 갖는 이유는 바로 끊임없이 재해석되기 때문이다. 아우구스티누스의 신학은 4세기 당시 로마제국에 의한 국교 수용 이후 당시의 시대적 환경에 기반한 성서의 해석이며, 토마스 아퀴나스의 신학은 13세기 당시 십자군 원정과 이슬람 세계와의 교류로 인한 서구 사회의 변화를 수용한 성서의 해석으로 보아야 한다. 16세기 루터의 종교 개혁도 구교의 부패상과 상공업 및 도시의 발달 등 당시 시대적 변화를 반영한 것이었다. 사실 예수가 기존의 유대교를 개혁하게 된 배경도 사막에서의 유목 생활로부터 가나안 점령 이후 정착 사회로 생활 환경이 크게 변하고 유대민족을 넘어 지중해를 중심으로 세계적으로 교류가 확대된 새로운 환경에 적응하기 위한 가르침으로 보아야 한다. 과거의 가르침으로는 새로운 환경의 변화를 수용할 수 없었기 때문이다.

시대 변화에 따른 종교의 변화는 다른 종교도 마찬가지다. 시간의 흐름과 더불어 새로운 환경이 조성되면서 경서에 대한 기존의 해석이나 가르침이 적실성을 잃을 때 종교는 사회로부터 비판을 받고 외면당하게 된다. 이때 자체적인 개혁을 통해 변신하지 않으면 다른 종교나 사상으로 대체될 수밖에 없다.

동양 문명을 다시 보다

세계의 중심이 서양에서 동양으로 이동하고 있다는 말은 새로운 이야기가 아니다. 게다가 이 주장은 서구 학자들이 먼저 언급한 것이다. 단순히 중국이 세계 최대 경제대국의 하나로 부상하고 그 강도가 더 심화될 것이라는 경제적 맥락에서만 보아서는 안 된다. 인류 문명의 주축인 동양 문명에 대한 새로운 인식과 역할이 도래한다는 문명사적인 시각에서 보아야 한다.

이러한 주장은 그동안 세계를 지배하던 서구 문명관으로는 현재 인류가 당면한 과제들을 해결할 수 없다는 인식에서 비롯되었다. 서구인들은 역사를 다시금 보며 그리스도교보다 현실 인식에 대한 왜곡이 덜하고 자연과 상식의 합치율이 높은 동양 사상에 주목하게 된 것이다. 단순히 동양의 경제력 상승만을 그 원인으로 꼽을 수 있는 것은 아니다.

동양에서 경제 성장은 일본이 선두주자였다. 제국주의적 침략에 바탕을 둔 19세기 일본의 성장은 여기서는 논외로 하자. 20세기 후반에 들어 일본을 필두로 한국, 대만, 홍콩, 싱가포르라는 작은 용 네 마리의 성공적인 경제 성장의 길을 따라 큰 용 중국이 경제 대국으로 등장하자 이들의 공통 문화인 유교 문화가 주목받았다. 특히 이러한 경제 성장의 원인이 문화적인 요인 때문이라 설명하는 학자들은 유교 문화를 더욱 주목했다. 동양이 경제 성장으로 서구에 대한 물질적 열세와 콤플렉스에서 벗어나면 서구 중심적인 사상사로부터의 전환은 급속히 진행될 것이다.

그렇다면 이러한 동양에서도 동북아의 작은 나라 한국은 어떠한 위치에 있는가? 한국의 현 위치에 대한 정확한 문명사적 인식은 대단히 중요하다. 바로 민족 정체성 자체에 관한 문제이자 발전의 원동력이 될 민족의 뿌리에 대한 자존심의 문제이기 때문이다.

한국은 과거 식민지 지배를 받고 원조를 받던 나라에서 이제는 다른 국가에 원조를 해 줄 수 있을 정도로 정치·경제가 급격히 발전한 세계에서 유례없는 국가로 인정받고 있다. 뿐만 아니라 종교적 관점에서 봐도 한국은 특수한 사례로 꼽힌다. 비서구 문화권 중 세계에서 그리스도교가 가장 번창한 국가인 것이다.

그렇다면 한국이 문명사적인 전환기에 어떠한 위치에 있으며 어떠한 역할을 할 수 있는가를 종교적 관점에서 살펴보자.

동양과 서양의 사상적 융합이 가장 잘된 한국

동양 사상의 정수인 불교와 유교가 가장 화려하게 꽃을 피운 곳이 바로 한국이다. 특히 그 실천에서 타의 추종을 불허할 수 있었던 것은 국가의 규모가 상대적으로 작아 집중도가 높고 통제에 용이했기 때문이다. 또한 서양 사상의 원천인 그리스도교가 동양 문명권 내에서 가장 번창한 곳 역시 한국이다. 비서구 문명권 가운데 그리스도교가 번성하고 있는 유일한 나라, 동양 사상의 정수와 서양 사상의 정수를 모두 가진 나라가 바로 한국이다. 이런 관점에서 본다면 한국은 지구상 어느 나라보다도 사상적으로 부유한 나라이다.

서양 사상의 양대 기둥의 하나인 그리스 철학은 그 표현의 차이에도 불구하고 동양의 유교 사상과 큰 차이가 없다. 그러나 그리스도교 사상은 서구 사회를 다른 사회와 특별히 구별되게 만드는 결정적 역할을 해 왔기 때문에 여기서는 서구를 서구로 만드는 핵심 사상인 그리스도교를 이야기하지 않을 수 없다.

일찍이 서구 문화를 도입한 일본에는 우리보다 200년이나 앞서 그리스도교가 전파되었으나 일본의 그리스도교는 통계상으로만 보아도 인구 1~2퍼센트에도 못 미치는 미약한 수준이다. 따라서 일본인의 사고방식이나 생활양식에 영향을 주는 정도의 사상으로 보기는 어렵다. 중국에도 일찌감치 서구 그리스도교가 전래되었으나 큰 위력을 발휘하지 못했다. 특히 지난 세기 공산주의 혁명의 성공으로 중국 사회에서 공산주의 유물론 이외의 사상은 탄압받았다. 외래 종교인 그리스도교 사상뿐만 아니라 중국의 전통 사상인 유교나 불교까지 배척당했다. 1980년대의 개혁 개방 이후에도 그리스도교는 계속 경계의 대상으로 남아 중국 종교의 변방에 머물고 있는 실정이다.

그러나 한국에서 그리스도교가 갖는 위상은 특별하다. 한국 그리스도교는 외국의 선교사가 아닌 자국민에 의해 국내에 도입된 세계 유일의 사례로 꼽힌다. 당시 경직화되어 가던 유교의 형식주의적 교리에 질식하고 있던 조선의 지식인들에게 그리스도교는 새로운 세상을 여는 청량제였다. 또한 사회 발전을 옥죄고 있던 유교에 대한 돌출구로 새로운 사상적 대안이 되었다. 그 후 조선이 망하고 일본 식민지 시대를 거치면서 그리스도교는 점차 교세를 확대해 나갔다. 특히 광복 후 미국의 절대적 영향 하에서 더욱 번성해 갔으며, 경제 성장과 더불어 서구화의 분위기에 편승해 급성장했다. 이제 한국에서 그리스도교는 가장 강력한 종교가 되었을 뿐만 아니라 세계에서도 유례 없는 그리스도교 전파의 성공 사례가 되었다. 심지어 세계에서 미국 다음으로 많은 선교사를 해외에 파송하는 국가로 기록되어 있기도 하다.

문명의 중심이 동양으로 이동하고 있다는 것은 동양 사상으로의 회귀가 아니라 문제가 되고 있는 서양 사상을 극복한 동양 사상을 뜻하기 때문에 그리스도교가 충분히 개화하지 못한 곳에서는 서양 사상을 극복할 수 있는 바탕이 애초에 존재하지 않는다. 이러한 점에서 한국은 같은 문화권인 중국이나 일본과 다르게 동양 사상과 서양 사상이 함께 꽃피고 있는 나라이자 새로운 대안을 보여 줄 수 있는 가능성이 있는 나라다.

서구인의 사고방식과 생활을 철저하게 지배하고 있던 그리스도교 사상을 앞에 두고 그 비상식성과 비합리성에 대한 처절한 실존적 고뇌를 하던 서구 철학자들이 동양 사상에 관심을 갖는 것도 이러한 이유에서다. 이런 점에서 한국은 동서양 사상의 변증법적 통합을 통해 동서양을 포괄하는 새로운 사상이 출현할 수 있는 가장 좋은 토양을 지니고 있다고 볼 수 있다.

도덕적 기반을 갖추다

다시 강조하지만 한국은 성인의 가르침을 중심으로 하는 세계의 주요 종교가 가장 진한 농도로 번성한 나라다. 삼국시대와 신라, 고려시대에는 불교를 통해 부처의 가르침을, 조선시대에는 유교를 통해 공자의 가르침을, 지금은 그리스도교를 통해 예수의 가르침을 실천하기 위해 열성적이다. 사람의 행동을 결정하는 가장 강력한 가치 체계의 하나가 종교라 한다면 이러한 종교적 기반은 매우 중요한 의미를 지닌다.

성인의 가르침이 주는 핵심은 엄격한 도덕성의 요구다. 오랜 세월 이어 온 주류 종교의 특색은 그 이름은 달라도 도덕성에 대한 요구는 동일하다. 성인의 가르침이 시대와 장소적 한계를 벗어나 주류 사상으로 인류 문명사를 지배해 온 것도 바로 이러한 수준 높은 도덕성에 바탕을 두고 있기 때문이다.

일본이 세계적 경제대국이면서도 세계적 지도국의 반열에 들지 못하는 것은 이러한 도덕성의 결여에 원인이 있다고 본다. 외관상으로는 불교와 유교가 일본의 주류 종교인 듯하지만 이들은 주로 초월적이고 내세적인 측면에 국한되고 현세적 생활을 지배하는 윤리는 주로 일본 고유의 사상인 신도와 사무라이 정신이다. 이 정신은 인류 보편성에 바탕을 둔 윤리라기보다는 일본 특유의 사상으로 도덕성과는 무관하다 할 수 있다. 그러므로 일본을 도덕적 사회(moral society)가 아닌 도덕 관념이 없는 초(超)도덕적 사회(amoral society)라고 부르는 것이다. 한일 간 해결해야 할 주요 문제 가운데 하나인 일본의 과거사 사과가 이토록 어려운 것도 일본 사회 자체의 도덕성 부재와 무관하지 않다.

동양 사상의 중심국인 중국은 유교와 도교의 발원지로 세계 사상사의 중심 역할을 해 왔다. 중국 사상은 인도 사상과 더불어 18세기에서 19세기 서구의 계몽시대를 여는 데 결정적인 역할을 했다. 16세기 서구의 종교개혁 후 신교에 자리를 빼앗긴 구교는 서구 이외의 세계에 그리스도교를 전파함으로써 서구에서의 수세를 만회하고자 했다. 중국에도 16세기부터 서구 선교사들이 파송되어 선교를 시작했다. 그리고 현지어인 중국어를 익힌 선교사들은 중국 고전을 비롯한 주요 서적들을 라틴어 등 서구어로 번역해 자연스럽게 서구에 전달, 유통했다.

이러한 중국 고전은 신 중심의 중세적 사고에 갇혀 있던 서구인에게 혁명적인 사상이었다. 모든 것을 신을 중심으로 해석하던 서구에 애초부터 그리스도교적인 신의 존재를 전제로 하지 않고 사회 현상을 설명하는 중국 사상은 중세 기독교 사상에 갇혀 있던 서구 철학자들에게 새로운 빛이자 대안으로 등장했다. 신이 없어도 세상은 성립하고 신을 전제하지 않고도 세상은 작동할 수 있다는 것을 비로소 깨닫게 된 것이다. 인간의 이성이 신을 대체하게 되는 계몽기의 이신론(理神論)은 바로 이러한 배경에서 탄생한 것이다.

계몽시대의 합리적 사고가 산업혁명으로 이어지면서 서구는 물질적으로 비약적 발전을 하게 되었다. 이를 바탕으로 19세기부터 동양을 침탈하게 되었고 중국은 가장 큰 피해자 가운데 하나였다. 중국은 문제의 원인을 중국 전통 사상의 탓으로 돌리며 새로운 시대의 사상적 대안으로 공산주의 사상을 도입했다. 공산주의 지배가 확립되면서 유교, 불교, 도교를 비롯해 극히 소수에 지나지 않던 그리스도교까지 탄압하고 성인들도 철저하게 비판하고 탄핵했다. 중국은 세계의 주요 사상을 모두 배척하면서 공산주의 유물론이 지배하는 공산주의 도덕관 중심의 사회가 되었다. 1980년대부터는 사상적 자유가 확대되면서 배척받던 전통 사상이 허용되고 전통적인 가치관이 되살아나고 있지만, 정치적으로 공산당 독재를 유지하면서 유물론적인 사고 위에 진행된 시장 제도는 기형적인 가치관을 만들어 내고 있다.

이런 측면에서 보면 동일한 문화를 공유한 동북아 3국 가운데 한국이 가장 든든한 도덕적 기반을 가지고 있는 셈이다. 한 사회의 궁극적인 힘은 도덕성에서 나온다. 도덕성을 바탕으로 삼지 않는 지도력이나 물질적 성공은 주기가 극히 짧을 수밖에 없다. 특히 현대사회의 많은 문제가 도덕 영역의 축소에서 비롯된다는 점을 감안하면 도덕의 중요성에 대한 재조명이 매우 중요하다. 우리가 도덕성에 대한 인식을 새롭게 한다면 그동안 이룬 경제적 성공에 기초해 세계의 지도국이 될 수 있는 자격을 갖출 수 있을 것이다.

수준 높은 전통 사상

우리 사회가 높은 도덕성을 유지할 수 있었던 이유는 우리 고유의 전통 사상이 그 기초를 닦아 놓았기 때문이라고 볼 수 있다. 우리 민족은 나라를 세우는 것도 개천(開天)이라 해서 하늘, 즉 진리를 여는 것이라 했다. 새로운 진리를 선포하면서 진리 위에 새 나라를 시작한 것이다. 당시 미개한 사회를 한 차원 수준 높은 사회로 만들 수 있는 새로운 진리로 사상적 기초를 세웠다고 할 수 있다. 우리가 잘 아는 건국 이념 '재세이화(在世理化) 홍익인간(弘益人間)'이 이러한 진리의 핵심이다. 진리를 깨우치고 진리로 세상을 다스려 널리 인간을 이롭게 하기 위해 나라가 만들어졌다.

널리 인간을 이롭게 한다는 홍익인간 사상은 인간을 모든 가치의 중심으로 삼는 인본주의 사상이다. 부처와 공자, 예수 같은 성인의 가르침도 그 핵심은 인본주의다. 이들 성인은 당시 신을 섬기는 방식이 오히려 인간을 괴롭히고 고통을 준다고 비판하며 이를 개혁해 신은 인간을 위해 존재하며, 나아가 인간이 바로 신이라는 혁명적 사상을 주창한 것이다. 누구나 부처가 될 수 있고 누구나 군자가 될 수 있다는 사상이나, 인간이 안식일을 위해 존재하는 것이 아니라 안식일이 인간을 위해 존재한다는 말씀이 바로 이를 대변한다.

시간이 흐르면서 성인의 가르침도 변질된다. 그때마다 개혁적인 사상이 나타났고 그 핵심은 바로 인본주의로 다시 돌아가자는 것이었다. 성인의 말씀이 끊임없이 살아 있는 이유도 바로 이들의 인본주의 사상 때문이며, 시대마다 나타나는 개혁적인 주장은 주객전도로 상실된 인본주의를 다시 시대에 맞게 부활하자고 역설했다.

그렇다면 우리의 홍익 인본주의 사상은 지금도 유효하다. 그동안 서로 다른 사상을 중심으로 나뉘어 있던 지역 단위의 세계도 이제 하나의 마을인 지구촌으로 통합되고 있다. 이러한 다양한 사상을 하나로 결합하는 핵심이 바로 인류보편애에 입각한 인본주의라 할 수 있다.

통일신라 시대의 학자였던 최치원도 9세기에 우리나라에는 일찍이 유불선을 포괄하는 현묘한 도인 풍류도(風流道)가 있다고 했다. 이는 바로 앞서의 홍익인간 사상이요 인본주의 사상이라고 할 수 있다. 풍류도란 말이 보여 주듯이 인본주의란 자연의 이치대로 살아가는 것이라고 볼 수 있다.

오늘날 전통 사상에 대한 재조명이 일어나고 부활을 주장하는 배경도 이러한 점에서 보면 충분히 수긍이 간다. 지금 우리가 문명의 전환기를 맞이해 새로운 가치관을 찾아야 한다면 이는 다름 아닌 상실된 인본주의를 회복해 새로운 시대에 맞게 재창조는 것이며, 바로 우리의 전통 사상이 지구상 최초로 나타난 인본주의의 정수를 가지고 있기 때문이다.

세계 종교사에서 한국의 역할

앞서 본 바와 같이 한국은 세계 주류 종교들이 꽃피우고 성인의 가르침이 풍성한 나라다. 특히 세계 문명의 중심인 그리스도교가 한국 땅에서 번성하고 있다는 것은 특별한 의미를 지닌다. 지금 세계에서 종교의 문제는 바로 일신교의 문제이며, 일신교 가운데 그리스도교는 서구 문명의 핵심이라 할 수 있는데, 현재 서구 문명이 주류 문명을 이루고 있기 때문에 그리스도교의 변화는 곧 세계 문명사의 변화에 결정적 역할을 할 것이기 때문이다. 만약 한국에서 그리스도교가 새로운 변화를 통해 기존의 그리스도교의 배타성을 극복할 수 있는 교리를 발전시킨다면 한국은 세계 문명사에 불후의 기여를 하는 것이다.

그리스도교가 배타성을 극복하면서 다른 종교와 조화를 이루고 상호보완적인 관계를 이룰 수 있는 새로운 해석은 다름 아닌 동양사상적 접근을 수용한다는 것을 의미한다. 말하자면 유교와 불교의 경전으로 성서를 볼 수 있어야 하고, 성서가 이들을 포괄할 수 있을 때 비로소 새로운 시대를 수용할 수 있는 보편성 있는 진리로서의 자격을 가질 수 있게 된다. 진리에 동서가 따로 있는 것이 아니다. 성인의 말씀인 진리는 종교라는 제도적 틀이나 교리 속에 감금될 성격의 것이 아니다. 종교의 진리는 철학이나 과학과도 모순이 없을 때 가능하다. 어느 종교든 자신의 종교가 진리의 체계라고 주장한다면 개방 체계에서 어떠한 비판과 반증에 대해서도 해답을 제시할 수 있는 보편성을 가져야 한다. 현 시대에 여기서는 통하나 저기서는 통하지 않는다면 이것은 지역적인 종교라고는 부를 수 있으나 보편적인 진리라고는 부를 수 없을 것이다.

한국에서 번성하고 있는 종교는 그것이 불교든 유교든 그리스도교든 한국적 불교, 한국적 유교, 한국적 그리스도교일 수밖에 없다. 다른 나라도 마찬가지다. 미국의 그리스도교는 유럽의 그리스도교와 다르며 남미의 그리스도교와도 다르다. 중동의 이슬람교와 인도네시아의 이슬람교도 다르다. 역사가 다르고 토양이 다르기 때문에 나타나는 당연한 귀결이다.

한국의 그리스도교는 우리 역사에 축적된 가치를 내포하는 무속적, 불교적, 유교적, 냉전적 그리스도교라 할 수 있다. 지금 한국에서 그리스도교는 그 종교가 갖는 교리상의 장애에도 불구하고 다른 주류 종교들과 동시대를 함께 살아가고 있다. 때문에 한국의 그리스도교는 동서양의 다른 종교를 포괄하는 대안적 그리스도교로 진화할 수 있는 최적의 환경에 있다고 볼 수 있다.

한국에서 그리스도교가 번성하는 이유도 한국 그리스도교가 세계 종교사에 담당해야 할 새로운 사명을 위해서일지 모른다.

21세기를 맞이해 종교 간의 대화, 종교 간의 화해를 저해하는 교리상의 장애를 극복할 만한 대안적 해석이 만약 한국 땅에서 등장한다면 우리나라는 새로운 사상적·종교적 종주국으로 세계의 지도국이 될 수 있을 것이다. 서구에서 발생해 한국에서 다시금 꽃피우고 있는 한국 그리스도교는 동양 사상의 토양 속에서 충분히 숙성될 때 오늘날 지구촌 시대가 요구하는 포용적·화합적·인본주의적 그리스도교로 충분히 재탄생할 수 있다. 포스트 크리스천 시대를 열어 갈 새 시대의 그리스도교가 이 땅에서 태어나길 기대한다.

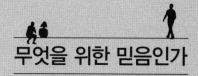

무엇을 위한 믿음인가

지식과 믿음의 조화에 대하여

이영환

동국대학교 경제학과 교수. 서울대학교에서 경제학을 공부하고 미국 펜실베니아 대학교에서 경제학 박사학위를 받았다. 이후 공군사관학교에서 경제학교관으로 근무했다. 1987년 동국대학교 경제학과 조교수로 부임, 27년 간 후학 지도에 힘쓰고 있다. 저서로 『과학에서 규범으로』(공저), 『해설이 있는 미시경제학』, 『미시경제학』 등이 있다.

진정한 믿음이란 무엇인가

 우리는 상상할 수 없을 만큼 복잡하고 빠르게 변하는 사회에 살고 있다. 특히 기술 변화의 속도가 매우 빨라 웬만한 사람들은 적응조차 쉽지 않다. 자신의 정체성을 유지하면서 살아갈 수 있다면 그것이 다행스럽게 느껴질 정도다. 이런 변화를 가장 민감하게 느낄 수 있는 분야가 경제다. 세계화와 정보화로 세계 도처에서 발생하는 다양한 경제적 사건들이 실시간으로 서로에게 영향을 미치고 있다. 따라서 이러한 영향이 나은 변화에 효과적으로 대응하지 못하면 그 누구도 생존할 수 없다.

 오늘날 글로벌 경제의 특징은 변동성, 불확실성 및 복잡성의 상호 작용으로 요약할 수 있다. 글로벌 경제에 편입된 나라들은 예외 없이 이런 요인들에 영향을 받는다. 단지 개별 나라의 경제

규모, 개별 정부의 재정 건전성, 개별 기업의 경쟁력에 따라 영
향의 정도가 다를 뿐이다. 몇 해 전 발생한 서브 프라임 사태 이
후 미국은 안정되고 강력한 예전 모습을 잃은 채 과거의 영광을
그리워하는 노쇠한 강대국이 되었다. 유럽 여러 나라들 또한 최
근의 국가 재정 위기를 통해 유럽 통합에 따른 취약성을 그대로
드러내고 있다. 이들 국가의 경제 현황을 검토해 보면 과거 세계
를 제패했던 제국주의 국가들의 유산을 물려받은 후예가 맞는지
의심스러울 정도다. 이들이 과연 현재의 딜레마를 극복할 수 있
을지 가능성조차 미지수다.

아시아의 맹주였던 일본 또한 장기 침체의 수렁에서 여전히
헤어나지 못하고 있다. 과거 일본의 번영을 상징했던 기업인 소
니나 도요타는 더 이상 그 명성을 지키기 힘들어졌다. 일본 사회
는 정치, 경제, 사회 여러 분야에서 역동성을 잃고 있으며 글로
벌 경제의 빠른 변화에 적응하지 못하고 있다. 이런 의미에서 가
장 역동적인 힘을 과시하는 나라는 중국이다. 그렇지만 중국은
국가가 관리하는 자본주의 경제 체제와 공산당 일당 독재에 기
반을 둔 정치 체제 간의 모순이 아직 드러나지 않은 상태로, 향
후 어떤 예기치 못한 변화가 발생할지 누구도 장담할 수 없다.

우리나라도 예외가 아니다. 1997년 외환위기 이후 구조조정에
어느 정도 성공해 상당한 국제 경쟁력을 확보했지만 재벌을 중
심으로 한 경제력 집중, 소득 불균형 확대, 사회 여러 분야에서

의 양극화 심화 등 앞으로 해결해야 할 과제가 여전히 쌓여 있다. 이처럼 과거의 강대국이든 신흥 강대국이든 어느 나라도 안정된 상태에서 미래에 대한 진정한 비전을 보여 주지 못하고 있다.

현재 세계에서 전개되고 있는 상황을 지켜보면 우리는 과연 어떻게 대처해야 하는지 그리고 문제를 해결한 방법은 진정 있는지 자문하지 않을 수 없다. 일부 사람들은 현재의 위기와 문제들은 모두 신자유주의에 입각한 경제 정책 때문이라고 강하게 비판한다. 그리고 신자유주의를 폐기하고 다시 강력한 정부를 복원하는 것만이 대안이라 주장한다. 이에 대해 또 다른 사람들은 정부는 태생적으로 비효율적이기 때문에 결국 시장을 적절하게 보완하는 선에서 문제를 해결할 수밖에 없다고 주장한다. 그렇지만 어떤 입장이라도 결국 시장과 정부 간의 권력 이동이라는 틀 안에서 문제를 보고 있을 뿐이다. 이들의 주장을 들여다보면 조삼모사(朝三暮四)라는 고사가 생각날 정도다. 시장만능주의나 정부지상주의 모두 하나의 극단에 해당한다는 것이 입증된 현 시점에서 '시장 대 정부'라는 인식의 틀을 유지한 채 문제를 해결하려는 방법에는 분명 한계가 있다.

오늘날의 문제는 인간의 의식 수준과 이를 바탕으로 이룩한 물질적 성취를 모두 망라하는, '문명'이라는 보다 근본적인 시각에서 다뤄야 한다. 이런 관점에서 보면 현재 우리를 괴롭히고 있는 모든 문제는 극단적인 물질만능주의와 배금주의에서 비롯 되었다고 할 수 있다. 물론 지나친 단순화라는 한계가 있고 진부한 지적이라는 비판으로부터도 자유롭지 않은 주장이지만, 부정할 수 없는 엄연한 사실이다. 인간에게 쾌락과 행복을 줄 수 있는 것은 오직 물질적 풍요라는 착각이 오랜 세월에 걸쳐 우리의 의식을 지배했으며 이로 인해 사람들이 점점 더 탐욕스럽게 변했다는 것이 모든 문제의 원인이다. 탐욕의 편재성(ubiquity), 이것이 문제다. 이런 상황에서 인간을 인간답게, 사회를 사회답게 유지하는 데 필요한 '물질과 정신의 조화'는 더 이상 기대하기 어렵다. 이들 간의 불균형이 오랫동안 지속되었기에 앞으로 균형을 회복할 수 있을지 의문이다.

이러한 상황에서 생존을 넘어 번영을 추구하려면 사회 구성원들이 경제적인 번영을 공유하며 도덕적으로 건전하고 서로 신뢰할 수 있는 환경을 만드는 일이 가장 중요하다. 경제적 번영, 건전한 도덕 그리고 상호 신뢰라는 가치 가운데 어느 하나라도 결함이 있으면 이로 인해 궁극적으로 한 사회가 붕괴될 수도 있다. 나는 이런 가치들을 유지, 발전시키는 데 바탕이 되는 것이 바로 객관적이고 과학적인 지식과 상생의 정신에 입각한 건전한 믿음이라고 생각한다.

사회학자 레베카 코스타(Rebecca Costa)는 문명 붕괴의 원인을 분석한 후 이에 대한 대안을 모색한 저서 『지금, 경계선에서(Watchman's Rattle)』를 통해 '지식과 믿음의 조화'를 강조했다.

나 또한 이전부터 이 두 가지 요소의 중요성을 인식하고 있었으므로 기본적으로 코스타의 주장에 동의한다. 그녀는 고대 마야 문명을 비롯해 로마제국, 앙코르와트로 알려진 고대 크메르제국 등이 몰락한 원인은 사람들이 사실이나 지식에 의존하기보다는 '인식의 한계점'에 도달한 이후 불합리한 믿음에 지나치게 의존했기 때문이라고 주장한다.[1] 즉 대부분의 문명 말기에 사람들은 해결해야 할 문제의 복잡성 때문에 인식의 한계점에 도달하며, 이로 인해 객관적인 지식이나 사실에 의존하기를 포기하고 손쉬운 대안으로 불합리한 믿음에 의존하게 되는 것이다. 그리고 이런 경향이 문명의 몰락을 재촉했다는 것이다. 따라서 지식과 믿음의 균형을 회복하는 것이 곧 문명의 붕괴를 막는 길이라는 것이 코스타의 생각이다.

코스타의 관점을 모든 시대, 모든 문명에 그대로 적용하기에는 분명 한계가 있다. 따라서 여기서는 우리 사회가 직면한 상황에 초점을 맞추어 현재의 난관을 타개하기 위해서 어떤 지식과 믿음이 필요한지 생각해 보고자 한다. 우선 지식과 믿음은 서로 대립하는 것이 아니며 대등한 관점에서 비교할 수 있는 것도 아

---

1) 코스타는 미국의 저명한 사회생물학자 에드워드 윌슨(Edward Wilson)으로부터 많은 영향을 받았으며, 그의 주장 가운데 상당 부분은 진화론에 근거하고 있다. 이에 더해 복잡계 이론, 신경과학 이론 및 실리콘 밸리에서의 개인적 경험이 반영되어 있다. 비록 그의 주장 가운데 일관성이 다소 결여된 부분도 있지만 오늘날 현대 문명이 처한 상황을 비교적 정확하게 파악하고 있다는 점에는 동감한다.

니라는 점을 지적하고 싶다. 지식의 반대는 믿음이 아니며 그 역
또한 마찬가지다. 오히려 지식은 믿음의 객관적인 근거가 될 수
있다는 점을 인식하는 것이 중요하다. 문제는 믿음의 특성에 있
다. 믿음에는 어느 정도 주관적인 요소, 즉 가치 판단이 개입하
지 않을 수 없다. 물론 지식도 완전하게 객관적일 수는 없지만
믿음의 경우 상대적으로 주관적인 면이 더 강조된다. 그리고 지
식은 반증(反證)이 가능하지만 믿음은 그렇지 않다는 점에서도
다르다. 이런 이유로 믿음은 여러 가지 사회 갈등의 원인이 될
수 있다는 점에서도 지식과 구별된다. 만약 지식을 과학으로,
믿음을 종교로 대치한다면 이 점이 더욱 극명하게 드러날 것
이다.[2]

먼저 지식은 객관적 지식, 즉 과학적 지식을 의미한다. 귀납
적 또는 연역적 방법을 통해 많은 사람이 진리라고 확인한 발견
이나 관찰 및 실험 결과는 지식으로서 확고한 위치를 점해 왔
다. 그렇다고 이것이 단순히 자연과학 지식에 국한된 것은 아니
다. 인간은 유사 이래 수없이 다양한 지식을 생산하고 공유해 왔
는데, 여기에는 철학적, 자기 성찰적인 지식을 비롯해 경험을 통

---

2) 과학과 종교 간의 갈등 및 공존 가능성에 대해서는 다양한 논의가 있어 왔다. 가장 관심을
끌었던 최근의 논의로는 리처드 도킨스(Richard Dawkins)의 『만들어진 신』(김영사, 2007)과
스티븐 호킹(Stephen Hawking)의 『위대한 설계』(까치글방, 2010) 그리고 덜 알려졌지만
존 폴킹혼(John Pollkinghorne)의 『쿼크, 카오스 그리고 기독교』(SFC 출판부, 2009)를 들
수 있다.

해 검증된 지식도 포함된다. 즉, 형이상학적이든 형이하학적이든 전문가들에 의해 공인된 후 나중에 반증을 통해 허위임이 드러나지 않은 지식, 그리고 수많은 경험을 통해 그 가치가 확인된 지식도 이 범주에 포함할 수 있다. 이런 지식의 축적은 더 많은 지식의 생산과 공유를 가능하게 했으며 궁극적으로 오늘날 인류의 물질적 풍요와 수명 연장, 자유 확대에 결정적으로 기여했다. 이와 같이 지식이 인류의 진보에 기여할 수 있었던 가장 큰 이유는 어떤 비판에 대해서도 항상 열려 있는 태도를 취했기 때문이다.

믿음이 갖는 개인적·사회적 의미는 어떠한가. 인간은 유사 이래 끊임없이 환경을 극복하고 다른 사람들의 적대적인 행동에 대처하면서 생존해 왔다. 환경적인 요인을 잘못 파악하거나 다른 사람들의 의도를 잘못 해석하는 경우에는 생존이 위태로울 수도 있었다. 그러므로 인간은 끊임없이 주변 환경과 다른 사람들의 행동을 관찰하면서 자신이 본능적으로 무엇을 믿어야 하는지 판단했다. 이런 방식으로 환경에 적극적으로 적응해 왔기에 인간은 과거 빙하기의 혹독한 시련도 극복할 수 있었으며 수많은 전쟁을 겪으면서도 번영할 수 있었다. 이와 같이 인간은 어려운 상황에 처할수록 믿음에 의존하며 생존을 모색했다.

여기서 잠깐, 진화론이나 뇌 과학에서 인간이 믿음을 형성하는 과정을 어떻게 생각하는지 살펴보자. 진화론은 인간의 뇌도 자연 선택의 법칙에 따라 진화한 것으로 본다. 나아가 뇌 과학자들은 인간의 뇌는 주변에 존재하는 대상들의 실재(reality)를 인식하는 것이 아니라 뇌의 작용을 통해 해석된 정보를 바탕으로 대상들을 인식한다고 생각한다. 따라서 우리는 결코 궁극적인 실재에 접근할 수 없으며 단지 우리가 가지고 있는 모델을 통해 실재를 해석할 뿐이라고 말한다. 이것이 바로 '모델 의존적인 실재론(model-dependent realism)'의 핵심으로 우리는 이 한계를 극복할 수 없다.[3] 이것은 인간이 믿음의 의미를 논할 때 상당한 제약으로 작용한다.

일반적으로 인간에게 믿음은 자신에게 도움이 되는 방향으로 만들어진다. 자신에게 불리한 상황에 대해 지속적으로 긍정적인 믿음을 유지한다는 것은 진화론의 입장이나 뇌 과학의 관점에서 결코 수용할 수 없다. 이것은 완전히 비합리적이거나 정신 이상이 있는 사람에게만 적용할 수 있는 비정상적인 믿음이다. 따라서 여기서는 이런 믿음은 배제하고 개인과 사회의 관점에서 모두 바람직한, 즉 건전한 믿음을 전제로 한다. 그렇다면 이런 믿음을 형성하기 위해서는 무엇이 중요한가? 먼저 믿음과 지식의 관계를 생각해 봐야 한다.

객관적으로 검증된 지식은 건전한 믿음을 형성하는 요소로도

---

3) 이것은 스티븐 호킹이 그의 저서 『위대한 설계』(까치글방, 2010)에서 강조한 방법론으로 우리의 인식에 근본적인 제약을 가한다.

중요하다. 과학적 지식은 지금까지 여러 가지 미신을 극복하는 데 기여했다. 그 결과 우리는 비이성적인 판단에 근거한 사이비 믿음을 상당 부분 건전한 믿음으로 대체해 왔다. 그런데 개인과 사회의 발전이라는 관점에서는 얼마나 많은 사람이 믿음을 공유하는지, 그 믿음이 어떤 가치관에 근거하는지가 중요하다. 만약 사람들 대부분이 건전한 믿음을 공유하고 있다면 이로 인해 사람들 간의 신뢰가 높아지기 마련이다. 과학적 지식이 건전한 믿음 형성에 크게 기여한 것은 분명하지만 믿음의 가치관 측면에서는 명백히 한계가 있다.

어떤 특정한 믿음이 갈등을 유발한다면 개인과 사회 발전에 부정적인 영향을 미칠 것을 우려할 수밖에 없다. 유감스럽게도 이런 관점에서 종종 심각한 문제를 야기하는 것이 종교적 믿음, 즉 신앙이다. 종교적 믿음과 관련된 문제들은 대체로 주관적인 문제이기 때문에 객관적인 기준으로 시시비비를 가리기 어렵다. 그렇지만 과연 종교적 믿음은 온전히 비합리적이어야만 할까? 이 문제와 관련해서는 간디가 "종교는 결코 이성적인 것만은 아니다. 그렇지만 종교가 비이성적인 것은 더욱 아니다."라고 지적한 것이 가장 적절한 대답이라고 생각한다.

여기서 간디의 말을 인용한 이유는 어떤 종교적 믿음도 이미 확고하게 정립된 과학적 지식이나 사실과 모순되어서는 안 된다고 생각하기 때문이다. 나아가 종교적 믿음은 이성의 한계를 넘어선 경지에 도달하고자 하는 노력을 통해 더욱 성숙해져야 한다. 우리가 전(全) 이성을 다해 깊이 추구해도 결코 도달할 수 없는 초월적인 경지가 있다면 이런 경지에 대한 동경은 종교적 믿음의 근거가 될 수 있다. 달리 말하면 비교종교학자인 오강남 교수가 『종교란 무엇인가』를 비롯한 일련의 저서를 통해 지속적으로 강조해 온 심층 종교의 영역, 이른바 깨침의 영역에 도달하고자 하는 강한 신념과 믿음이 진정한 의미의 종교적 믿음에 해당한다.

오늘날 종교에 비판적인 사람들이 내세우는 종교 비판 근거로는 인류 역사상 수많은 전쟁의 배후에 종교가 있었다는 사실과 종교의 이름으로 지금도 자행되고 있는 폭력과 두려움 조장, 종교 지도자들의 사기, 권력 남용 및 축재 등이 있다. 진화생물학자이자 대표적인 무신론자인 리처드 도킨스의 『만들어진 신(The God Delusion)』은 이런 비판적인 사고의 결정체다.[4] 논리 전개나 종교에 대한 접근 방식에서 그의 주장에 문제가 없는 것은 아니지만 유려한 문체와 해박한 과학적 지식을 바탕으로 한 그의 비판에 대해 누가 과연 논리적으로 반박할 수 있을지 의문이다.

4) 도킨스와 함께 종교에 비판적인 입장을 취한 대표적인 무신론자들로는 인지철학자 대니얼 데닛(Danniel Dennett), 저널리스트 크리스토퍼 히친스(Christoper Hitchens) 그리고 샘 해리스(Sam Harris)를 들 수 있다. 데닛의 『마음의 진화』(사이언스북스, 2006), 히친스의 『신은 위대하지 않다』(알마, 2011), 그리고 해리스의 『신이 절대로 답할 수 없는 몇 가지』(시공사, 2013)는 이들의 관점을 보여주는 대표적인 저작들이다.

종교에 대한 그의 비판이 오히려 종교적 믿음에 대해 성찰해 보는 계기가 될 수 있다.

종교적 믿음이 진정 우리에게 보편적인 가치를 제공하기 위해서는 이성의 한계를 뛰어넘는 통찰이 중요하다. 즉, 비이성적이 아니라 초이성적이어야 한다. 이런 통찰은 보통 사람들의 정상적인 의식에서는 기대할 수 없지만, 진실한 믿음에 기반을 두고 의식의 확장을 경험한 사람만이 보여 줄 수 있는 것이라 생각한다. 만약 종교적 믿음으로 충만한 사람조차 이런 통찰을 보여 줄 수 없다면 그런 믿음은 보편적 가치를 갖기에는 부적절하다고 말할 수밖에 없다. 따라서 만약 누군가가 "내가 믿는 종교의 경전에 쓰여 있는 대로 나는 믿는다. 내 믿음의 근거는 경전이고 거기에는 한 점 오류도 없다고 믿기 때문에 나는 내 종교를 믿는다."라고 말한다면 그는 스스로를 구속하는 순환론에서 벗어날 수 없다. 믿음의 근거가 믿음이라면 이것은 더 이상 합리적인 논의의 대상이 아니기 때문이다.

우리는 대다수의 사람이 진정한 지식과 믿음을 바탕으로 건전한 상식을 공유하면서 서로 신뢰하는 사회를 지향해야 한다. 진정한 지식은 곧 객관적이고 과학적인 지식을 말하며, 진정한 믿음은 비이성적인 믿음을 배제하고 모두가 공유할 수 있는 믿음을 말한다. 진정한 지식을 추구하는 전문가들은 금전적 이익을 위해 행동하지 않는다. 예를 들어 노벨상을 수상한 과학자들은 처음부터 금전적 이득을 위해 일생을 바쳐 연구하지 않았다. 그들을 이끈 것은 아인슈타인이 말한 '순수한 호기심'이었다. 그리고 금전적 보상은 그들의 노력과 사회적 기여에 대한 보상으로 후일에 주어졌을 뿐이다. 지식의 영역에서는 거짓이 오랫동안 살아남기 힘들다. 수많은 전문가가 항상 반증 가능성을 검토하고 있기 때문이다.

그런데 믿음의 영역에는 이런 선별 장치가 불완전하다 못해 전무하다. 특히 종교에서는 의심 자체를 믿음이 없다는 증거로 여기는 경우가 허다하므로 무조건적인 믿음만이 참되고 진정한 믿음으로 칭송받는 비이성적인 일이 당연하게 받아들여지고 있다. 인류 역사에서 인간에게 무조건적이고 맹목적인 믿음을 자신 있게 강요할 수 있는 인간은 존재하지 않았으며 앞으로도 그러할 것이다. 인간이 인간에게 이런 명령을 내린다는 사실 자체가 극단적인 오만의 표시이자 절대 권력의 과시일 뿐이다. 그런데 실제로 이런 일이 자주 벌어지는데, 그 근본 원인은 인간의 무지에 있다. 무지하기 때문에 두려움을 느끼고 더 강력한 위로를 받고 싶어 하는 존재가 인간이다. 이런 틈새를 이용해 사이비 믿음을 강요하는 자들이 득세한다. 우리는 항상 진정한 지식과 진정한 믿음 간의 균형을 잃지 않으면서 때로는 지식에, 때로는 믿음에 의존해 개인의 문제 및 사회 문제를 해결하기 위해 노력해야 한다. 그리고 이런 훈련 과정을 통해 자연스럽게 사회에 적합한 지식과 믿음의 균형점을 발견할 수 있을 것이다.

우리의 믿음은 어떤 모습인가

우리나라는 오랫동안 세계 문명의 변두리에 있었다. 하지만 이
제는 고난을 극복해 얻은 경험을 바탕으로 세계 문명의 중심에
근접해 있다. 우리는 이제 과거 패권 국가들처럼 다른 나라를 착
취하고 지배하려는 의도에서가 아니라, 상생과 공유의 정신에
바탕을 둔 진정한 글로벌 시대를 만들어 가는 데 일익을 담당한
다는 자세로 세계의 중심으로 나아가야 한다.[5]

우리나라는 2012년 5월을 기점으로 20/50클럽에 가입했다고
한다. 국제적으로 공인된 클럽은 아니고 우리나라의 모 신문사
가 주도해 만든 클럽이지만 나름 적지 않은 의미가 있다고 생각
한다. 일인당 소득이 2만 달러를 상회하고 인구가 5000만이 넘
는 나라들의 대열에 합류하게 된것은 1960년대 경제개발 5개년
계획을 추진한 이래 50여 년 만에 이룩한 쾌거다. 우리나라에 앞
서 이 클럽에 가입한 나라들은 미국, 독일을 포함해 고작 6개국
이다. 그런데 우리는 전대미문의 물질적 풍요를 달성하는 과정

---

5) 나는 이것이 함석헌 선생이 『뜻으로 본 한국역사』(한길사, 2003)에서 일관되게 주장했던
우리 민족의 소명이라고 생각한다. 그가 지적했듯이 오랜 고난의 역사에는 반드시 뜻이 있는
데 우리가 그동안 생각이 없는 백성으로 살아 그 뜻을 헤아리지 못했다. 그러나 지금은 상황
이 달라져 많은 사람들이 그의 뜻을 되살리려 한다는 생각이 든다.

에서 많은 것을 희생했다. 예를 들면 인권 침해, 경제력 집중, 양극화 등이 대표적이다. 그렇지만 이 모든 것을 포괄하는 한 가지, 즉 정신적 가치의 상실이야말로 물질적 풍요의 가장 큰 대가다.

인류 역사상 커다란 족적을 남긴 문명들은 적어도 전성기에는 물질적 풍요와 정신적 가치가 적절한 조화와 균형을 이루었다. 그러다가 이들 간의 조화가 깨지기 시작하면서 문명은 종말을 향해 치닫게 된다. 대부분은 정신적 가치의 상실이 물질적 기반을 약화시키고 이로 인해 정신적 가치가 약화되는 악순환을 거치면서 문명은 하나의 주기를 완성해 왔다. 문명의 흥망성쇠에 관한 이런 논리를 우리 사회에 적용해 보자. 우리는 500여 년 동안 유교 원리를 정치적 이데올로기로 채택하고 그 명맥을 유지해 왔다. 유교 원리는 물질적인 풍요를 경시하고 오직 형이상학적이고 현학적인 논의에 천착하는 풍토를 조성했다. 글을 읽는 것 이외에는 달리 할 수 있는 일이 없던 사대부들에게는 가히 지상낙원이었다. 이런 사회 질서의 특징은 곧 사농공상(士農工商)이라는 직업의 우선순위에 그대로 반영되었다. 부를 창출함으로써 물질적 풍요를 달성할 수 있는 경제 활동이 눈앞의 이익만을 추구하는 얄팍한 소인(小人)의 행동으로 폄하되었던 시대에 물질적 풍요는 사회가 추구해야 할 우선 순위의 가장 밑에 놓여 있는 천박한 가치에 불과했다.

그런데 이것은 인간의 보편적인 본성에 반하는 것이었다. 극소수의 양반 계층을 제외한 대부분의 사람이 오랜 세월 물질적 빈곤 속에서 살다 보니 그들의 의식 속에는 물질적 풍요에 대한 염원이 강하게 자리 잡았다. 그 결과 대극(對極) 반전의 원리에 따라 정신적 가치는 물질적 가치로 치환되었으며, 적절한 자극과 보상이 주어지자 우리는 모든 것을 희생하면서 오직 물질적 가치에만 천착(穿鑿)하게 되었다.[6] 이것은 오랜 세월 물질적 욕구를 인위적으로 억제한 채 살아야 했던 부자연스러운 삶에 대한 보상으로 필연적인 과정의 일부이자 앞으로 우리가 극복해야 할 과제이다.

여기서 물질적 풍요와 정신적 가치가 지식과 믿음에 대한 논의와 어떤 관계가 있는지 살펴보자. 지식은 물질적 풍요, 믿음은 정신적 가치와 밀접하게 관련되어 있다. 우리나라가 지금의 경제적 번영을 달성한 원동력은 교육이다. 간단히 말해 교육은 무엇보다도 지식을 가르치고 배우는 과정이다. 이런 논리로 보면 지금의 물질적 풍요를 가능하게 한 원동력이 지식임을 부인하기

6) 이것은 분석심리학의 창시자인 칼 융(Carl G. Jung)이 정신적 에난치오드로미아(Enantio-dromia)라고 한 '대극의 반전' 현상에 해당한다고 할 수 있다. 정신과 물질 모두 인간의 삶에 없어서는 안 되는 중요한 요소인데 정신을 지나치게 강조하면서 물질을 경시하면 어느 날 갑자기 억압되었던 한 극(極)이 튀어나와 상황을 반전시킬 수 있다. 우리 사회의 경우 1960년대 이후 오직 물질적 가치만이 중요시되었던 현상도 과거 정신적 가치만을 지나치게 강조했던 데 대한 반작용이라 할 수 있다. 이와 관련된 보다 상세한 설명은 이부영의 『노자와 융』(한길사, 2012) 2장 참조.

어렵다. 그렇다고 해서 우리에게 익숙한 '하면 된다' 정신이 물질적 풍요와 무관하다는 것은 아니다. 이것은 어디까지나 간접적으로 기여했을 뿐이고 교육을 통해 많은 사람이 공유했던 근대 지식이 물질적 풍요의 직접적인 원천이었다고 할 수 있다.

한편 우리 사회에서 믿음이 정신적 가치와 어떤 관계를 맺고 있는지 생각해 보자. 앞에서 언급했듯이 믿음은 반드시 객관적 지식을 바탕으로 하는 것은 아니다. 오히려 주관적 가치가 개인의 믿음 형성, 나아가 사회 전반의 믿음을 형성하는 과정에서 중요한 역할을 하는 경우가 대부분이다. 이런 면에서 우리 사회에서 종교는 특별한 역할을 해 왔다. 왜냐하면 국민 상당수가 종교를 가지고 있으며 그들의 말과 행동에는 종교의 영향이 깔려 있기 때문이다. 우리 사회와 같이 여러 종교가 큰 갈등 없이 공존하는 경우도 드물다. 그러나 다양한 종교가 공존하고 있다는 것은 어디까지나 표면적인 현상일 뿐 사람들은 철저하게 다른 믿음의 근거를 가지고 있어 이들 간에 신뢰나 공유라는 개념이 성립하기는 어렵다.

이런 의미에서 보면, 우리 사회에서 믿음은 정신적 가치를 강화하기보다는 약화하는 부정적 역할을 해 왔다. 개개인이 자신의 믿음만이 정당하다고 생각하고 다른 사람들의 믿음을 경시한다면 사회 전반에 걸쳐 부정적인 믿음이 만연할 수밖에 없다. 이로 인해 사람들 간에 신뢰는 떨어지고 건전한 사회규범을 공유하려는 의식은 형성되기 어려우며 궁극적으로는 사회의 의식이 낮은 수준을 벗어나지 못하게 된다. 만약 이런 추세가 계속된다면 그동안 이룩한 물질적 풍요의 기반이 무너질 뿐만 아니라 정신적 가치도 회복하기 어려운 지경으로 추락할 위험이 있다. 우리는 지금 이 점을 염려해야 한다.

의식의 확장

개개인이 육체와 정신의 조화에 의해 유지되듯이 한 사회도 물질과 정신 혹은 지식과 믿음의 조화에 의해 유지된다고 할 수 있다. 어떤 사회도 물질적 기반과 구성원들을 하나로 연결하는 정신적 가치 없이는 존속하기 어렵다. 이와 같이 상호의존적인 두 개의 축인 물질과 정신 또는 지식과 믿음 간의 균형을 유지하고 궁극적으로는 더 높은 수준의 균형에 도달하기 위해서는 무엇이 절실하게 필요한가? 나는 그것을 '의식의 확장'에서 찾아야 한다고 생각한다.

보통 의식(consciousness)은 다섯 개의 감각 기관을 이용해 얻은 정보와 기억의 형태로 보관하는 과거의 경험이나 지식을 결합해 현재 상황에 대해 종합적으로 판단하는 정신 작용을 말한다. 따라서 의식이란 우리가 항상 활용하는 것으로 결코 새로운 것도, 신비한 것도 아니라고 생각하기 쉽다. 하지만 실제로는 그렇지 않다. 물질의 속성을 가진 수많은 세포로 이루어진 인간에게서 어떻게 비물질적인 의식이라는 현상이 발생할 수 있는지는 여전히 많은 과학자에게 의문으로 남아 있다.

그런데 인간의 의식을 분석하기 위해서는 인간의 의식을 이용할 수밖에 없기 때문에 의식 문제를 다루는 데는 분명 한계가 있다. 이런 한계를 인정한다면 다시 진지하게 생각해야 할 오래된 문제가 있다. 이것은 도킨스를 비롯해 많은 사람이 제기했던 '신'과 관련된 문제다. 인간은 적절한 개념이 없으면 사유할 수 없다. 우리가 사람이든 사물이든 이름부터 알려는 것도 결국 사유의 대상과 관련해서 개념을 형성하려는 의도 때문이다. 이런 의식의 한계로 인해 우리는 그 대상이 무엇이든 이름을 붙이는 것을 사유의 출발점으로 삼아 왔다. 그래서 어떤 이름으로 불리든(야훼, 알라, 하나님 등) 우리가 신이라고 경배하는 그 무엇이 우리의 의식 속에 자리했다. 심지어는 우리가 무신론에 입각한 것으로 간주하는 종교적 교리도 다른 각도에서 보면 유일신교에서 말하는 신 개념과 별반 다르지 않은 개념을 가지고 있다.[7]

여기서 '의식의 한계' 문제가 제기된다. 어떻게 정의하든 신이란 '초자연적인 그 무엇'이라는 데는 모두 동의할 것이다. 그런

---

7) 예를 들어 류영모 선생이 기독교, 불교, 그리고 유교와 도교의 근본 가르침이 결국 같은 것이라고 말한 것은 이런 입장을 대변한다고 생각한다. 이것은 오강남 교수가 말하는 심층 차원에서는 모든 종교가 서로 통한다는 생각과 같다고 본다.

데 인간의 의식으로는 '초자연적인 그 무엇'을 제대로 이해할 수도 묘사할 수도 없다는 것이 문제다. 만약 이것이 가능하다면 그 대상은 더 이상 '초자연적인 그 무엇'이 아니다. 반면 진정 '초자연적인 그 무엇'이라면 우리는 결코 그것을 완벽하게 이해할 수도, 묘사할 수도 없다. 그런데 많은 사람이 신에 대해 잘 알고 있는 것처럼 행동한다. 더 높은 차원의 '그 무엇'이 우리가 살고 있는 4차원의 시공간에 그 흔적을 드러낸다면 그것은 전체의 극히 일부일 수밖에 없다. 따라서 우리는 어떤 경우에도 '초자연적인 그 무엇'을 제대로 이해할 수 없다. 만약 '초자연적인 그 무엇'을 제대로 이해했다고 생각하더라도 그것은 의식에 투사된 '초자연적인 그 무엇'에 대한 해석일 뿐이다. 우리는 이것을 '그 무엇'의 실재(實在)로 착각하고 그에 대한 믿음을 형성할 뿐이다.

이 문제를 거론하는 이유는 우리의 의식에는 뚜렷한 한계가 있다는 점을 강조하기 위해서다. 그리고 이것은 곧 우리가 왜 의식을 확장하려 노력해야 하는지에 대한 답변이기도 하다. 아인슈타인은 모든 이해관계에서 자유로운 상태에서 '종교적'이란 것은 무엇인가 하는 문제에 대해 진지하고 설득력 있는 견해를 피력했다.[8] 또한 그는 각종 압력에도 불구하고 인간사에 일일이 간섭하면서 상과 벌을 내리는 인격신의 존재를 부정하고 평생

---

8) 종교에 관한 그의 생각은 『Einstein on Cosmic Religion and Other Opinions & Aphorisms』 (Dover Publictions, 2009)에 잘 요약되어 있다.

우주의 신비를 경외하는 종교적 마음을 가지고 바라보았다. 그는 위대한 과학자이자 진정한 믿음을 가진 인간이었다.

다시 앞에서 제기한 질문으로 돌아가자. 지식이 더 이상 목적이 아니라 수단으로 전락한 상황에서, 그리고 믿음이 더 이상 건전성을 유지하지 못하고 사람들에게 공유되지 못하는 상황에서 우리는 어떻게 돌파구를 마련할 수 있는가? 나는 이에 대한 유일한 해결 방안은 우리의 의식을 확장하거나 상승시키는 데 있다고 믿는다. 의식이 통상적인 수준에 머물러 있는 우리 자신에게 획기적인 변화가 일어날 것이라고 기대하기는 어렵다. 예를 들어 기독교에서 말하는 '메타노이아'나 불교에서 말하는 '견성'은 불가능하다. 그런데 의식 확장은 종교적 영역에만 국한되지 않으며 과학의 영역이나 우리 몸 자체와도 밀접한 관련이 있다. 과학적 탐구를 통해 심오한 경지에 오른 사람들과 많은 명상 수행자의 경험이 이를 뒷받침하고 있다.

그렇다면 의식의 확장이란 구체적으로 무엇을 말하며 어떻게 실현할 수 있는가? 의식의 본질이 무엇이든 우리는 의식을 이용해 자신을 비롯한 우주의 모든 사물을 인식하고 그것이 자신에게 어떤 의미가 있는지 해석하며 궁극적으로 앞으로 어떤 일이 벌어질지 예측한다. 많은 진화론자와 뇌 과학자의 주장처럼 뇌는 자연선택의 법칙에 따라 진화해 왔고, 뇌를 구성하는 1000억 개가 넘는 뉴런들과 이들 사이에서 형성되는 수많은 시냅스를 통해 전달되는 전기·화학적인 자극이 처리되는 과정에서 의식이 탄생했다고 본다면, 의식을 둘러싼 문제는 간단해진다. 그렇지만 나는 이것이 유물론적인 사고의 전형이며 과학만능주의의 표현이자 환원주의의 한계라고 생각한다. 의식의 본질을 모두 밝혀내기에는 우리의 의식에는 분명 한계가 있기 때문이다.

진화론과 뇌 과학에서 의식을 바라보는 시각은 문자 그대로 하나의 과학적인 시각일 뿐, 유일하고 절대적인 시각은 아니다. 아직 인간의 의식이 단순히 뇌 작용의 산물이 아니라 인간의 몸 밖에 있는 '그 무엇'과 연결되어 발생하는 현상으로 이해할 수 있는 가능성은 열려 있다.[9] 그렇다면 '그 무엇'에 대한 가능성을 무시하는 것이 과연 과학적인 태도인지 고민해야 한다. 더욱이 많은 사람이 정상적인 의식의 작용으로 보기에는 매우 특별한 반응이나 행동(다양한 영적 체험이나 이적(異蹟)들)을 보여주었다는 사실에 비추어 볼 때, 우리의 정상적인 의식 너머에 무엇인가 존재할 가능성을 인정하는 것이 더 과학적인 태도가 아닌지 자문해 본다.

인류 역사상 가장 위대한 종교적 지도자로 추앙받는 예수와 부처를 생각해 보자. 이들의 행적이 성경이나 불경에 어떻게 묘

---

9) 이러한 '그 무엇'을 인도의 힌두교 전통에서는 '아카샤(Akasha)'라고 부른다. 우주적 차원에서 모든 정보가 보관되어 있는 저장고라고 할 수 있으나 이에 대해서는 더 많은 과학적인 탐구가 필요하다. 이런 관점에서 디팩 초프라가 자신의 저서 『죽음 이후의 삶』(행복우물, 2008)의 13장 「아카샤는 실재적인가?」에 나오는 아카샤에 대한 설명은 주목할 만하다.

사되어 있든 예수와 부처는 인간의 가장 높은 의식 수준에 도달했다. 이른바 의식의 확장이라는 측면에서 인간의 한계를 초월한 존재들이 아닌가 생각한다. 이런 의미에서 심신의학자인 디팩 초프라(Deepak Chopra)가 예수는 신 의식(god consciousness)에 도달한 사람이라고 해석한 데 전적으로 동의한다. 이 점은 부처의 경우도 마찬가지다. 또한 다석 류영모가 "예수와 나는 형제"라고 말했던 것도 같은 맥락에서 이해할 수 있다.

그러면 우리는 의식의 확장을 위해 무엇을 할 수 있는가? 우선 우리의 의식은 노력을 통해 확장될 수 있다는 믿음이 중요하다. 또한 의식의 확장을 위한 구체적인 방법이 다양하다고 생각하는 것도 중요하다. 기독교식으로 기도하든, 불교식으로 참선 수행을 하든, 염불을 외우든, 만트라를 반복하든, 명상 수행을 하든, 요가 수행을 하든, 격물치지(格物致知)를 위해 지식을 궁구하든, 진심으로 자신을 낮추고 비우고 내려놓을 수 있다면 의식의 확장이 일어날 것이다. 이른바 깨달음 또는 깨침이란 바로 이런 의식이 크게 확장되는 순간에 나타나는 현상이다.

우리가 의식의 확장이라는 개념을 공유할 수 있다면 종교 간의 갈등, 종교와 과학 간의 갈등 나아가 지식과 믿음 간의 불균형 문제를 포함해 인간이 경험할 수 있는 대부분의 문제에 대한 해답을 찾을 수 있을 것이다. 예를 들어 보자. 도킨스를 비롯한 과학자들은 이른바 인류 원리(anthropic principle)와 진화론을 무기로 생명의 탄생과 종의 다양성 모두를 설명할 수 있으며 여기에는 더 이상 '신'이 개입할 여지가 없다고 단정적으로 말한다. 유일신교의 부작용을 더 이상 간과할 수 없다는 순수한 사명감에서 과학적 지식에 입각해 신의 부재를 주장하고 종교의 허구성을 폭로하는 의도는 이해할 수 있다. 그렇지만 그들은 종교의 장점을 극단적으로 폄하함으로써 잘못된 점을 고치려다 오히려 강력한 비판을 받고 있다. 반면 신학자들이나 종교인들은 그들의 과학적 사실에 입각한 주장을 반박하고 있지만 논리적인 면에서는 상당한 열세에 있다. 이런 극단적인 대치 상황에서 이들을 화해시킬 수 있는 유일한 방법은 의식의 확장을 이용하는 것이다.

그렇다면 구체적으로 의식의 확장은 어떻게 가능한가? 의식은 일차적으로 자의식으로 귀결된다. 주변과 분리된 나라는 의식이 성립하지 않고서는 어떤 사고와 행동도 지향성을 가질 수 없기 때문이다. 인간은 이것을 진정한 자신으로 인식하도록 진화해 왔다. 그래야만 주변 환경에서 발생하는 각종 위험에 효과적으로 대처함으로써 생명을 유지하고 후손을 남기는 데 유리했기 때문이다. 많은 정신적 스승이 영적인 가르침을 통해 그리고 심리학자가 과학적 방법론을 동원해 이구동성으로 강조한 것은 바로 자의식의 한계를 극복하지 못한다면 인간은 어쩔 수 없이 이한계에 구속될 수밖에 없다는 사실이다. 지그문트 프로이트 이래 인간에게 무의식이 존재한다는 것이 널리 인정되고 있으며 많은 심리학자가 의식이란 무의식과의 관계 개선을 통해 확장될 수 있다고 주장해 왔다. 이런 관점에서 현재까지도 우리에게 가장 큰 영향을 미치고 있는 사람은 칼 융이다. 무의식과의 연결 통로를 강화함으로써, 즉 무의식을 의식화함으로써 전체 정신을 실현할 수 있다는 주장은 음미할 만한 가치가 있다.[10]

의식을 확장하는 방법으로는 무의식과의 연결을 강화하는 것 이외에 다른 방법도 가능하다. 이와 관련해서는 다소 논리적으로 비약이 있지만 우주 의식, 무한 의식, 전체 의식 또는 신 의식에 도달하는 문제를 생각해 볼 수 있다. 여러 사람들이 이런 다양한 용어를 사용했지만 모두 동일한 의식을 의미하는 것으로 보인다.[11] 이 문제를 논하기 위해서는 먼저 발상의 전환이 필요하다. 즉, 많은 진화론자와 과학자가 생각하는 것처럼 물질이 먼저고 의식이 나중이라는 사고를 역전시켜 의식이 먼저고 물질이 나중이라고 생각해 볼 필요가 있다. 물질과 의식의 관계에 대해

---

10) 융이 말하는 전체 정신이란 개인의 의식을 초월해 존재하면서도 그것을 부분으로 포용하는 확장된 의식을 지칭하는 것으로 생각한다. "자아(self)가 의식의 중심이라면 자기(Self)는 전체 정신의 중심이다."라는 표현은 이를 상징하는 것으로 보인다. 이에 대해서는 이부영의 『노자와 융』(한길사, 2012) 1장을 참고하기 바란다.

11) 이차크 벤토프(Itzhak Bentov)는 『우주의식의 창조놀이』(정신세계사, 2001)에서 우주의식 또는 우주심이라는 용어를 사용했고, 버나드 헤이시(Bernard Haisch)는 『신 이론』(책세상, 2010)에서 무한 의식을 논했다. 피터 러셀(Peter Russel)도 『과학에서 신으로』(해나무, 2007)에서 헤이시와 같은 생각을 전개했다.

서는 아직까지 만장일치로 지지를 받고 있는 과학 이론이 없다는 점을 감안한다면 이것은 타당한 사고 실험에 해당한다. 우주 탄생 초기에 어쨌든 물질이 아니라는 의미에서 의식이 먼저였고 이로부터 물질이 유래했으며 이를 바탕으로 인간을 비롯한 생명체가 탄생했다면, 우리는 이런 의식으로부터 비롯되었을 뿐만 아니라 여전히 그 일부를 구성하고 있다고 할 수 있다. 즉, 우리 각자는 부분 의식으로서 무한 의식으로부터 분리된 상태에 있는 것처럼 보이지만 여전히 미묘한 방법으로 연결되어 있다고 생각할 수 있다. 이 연결 고리의 존재를 믿는 한 우리는 다시 무한 의식과 합치할 수 있는 가능성을 가지고 있는 셈이다. 종교적 신비 체험을 통해서든 명상 수련을 통해서든 우리가 추구할 수 있는 것이 바로 이 무한 의식과 합치되는 경험을 하는 것이다.

이런 가능성이 열려 있다는 것을 의식과 무의식을 통해 확인할 수 있다면 이것이 바로 깨침이요, 견성이며 거듭남이다. 우리가 무한 의식 자체가 되지 못하더라도 무한 의식과 연결되기만 한다면, 부분과 전체를 구별하는 것 자체가 분리된 의식의 사고방식으로서 더 이상 의미가 없다고 본다. 이런 의미에서 예수와 부처는 자신의 의식을 확장시켜 무한 의식과 하나가 되는 경험을 한 존재들이라고 생각하는 것은 충분히 이성적이라고 생각한다. 이들을 본받아 무한 의식과 하나가 된 사람들 가운데 톨스토이, 간디 그리고 다석 류영모가 있다. 이들이 무한 의식과 하

나가 되었는지 확인하는 유일한 방법은 말과 행동을 통해 이들
의 의식 수준을 가름하는 것이다. 이들을 통해 알 수 있듯이 결
국 중요한 것은 다시 일상으로 돌아와 자신의 깨침을 많은 사람
과 공유하는 것이다.

의식의 확장을 위한 진정한 대화

의식의 확장이 가능하다면 다음 관심사는 이것을 어떻게 실현
할 수 있는가에 있다. 먼저 이것이 가능하더라도 단숨에 무한 의
식 내지 전체 의식으로 도약할 수 있다고 주장하는 것은 아니다.
비록 인간의 뇌 무게는 평균을 중심으로 큰 차이가 없지만 의식
수준에는 큰 차이가 존재한다. 이런 점에서도 의식을 전적으로
뇌 작용의 산물이라고 보기 어렵다. 따라서 의식의 확장 또한 사
람마다 차이가 있을 수밖에 없으므로 자신의 상황에 따른 점진
적인 의식의 확장만이 현실적인 대안이다. 즉 현재의 수준에서
각자 조금씩 자신의 의식을 확장시키려 노력하는 것이다. 그러
면 그만큼 개인의 정신 세계가 풍요로워질 것이고 그 결과 세상
은 그만큼 더 살 만한 곳이 되리라 기대할 수 있다. 이를 위해서
반드시 해결해야 할 문제가 있다. 다름 아니라 과학과 종교, 그
리고 여러 종교 간의 진정한 대화다.

진정한 대화의 핵심은 무엇인가? 자신의 편견이나 가정을 뒤

로하고 상대방의 말을 진지하게 들어 주는 것에서 시작해 자신의 생각을 솔직하게 표현한 다음 서로의 주장 가운데 진실에 해당하는 부분들을 취해 변증법적으로 통합하는 과정이다.[12] 여기에 하나 더 추가한다면 우리가 알아야 할 전체에 비해 개인의 지식은 보잘것없으며 영적으로도 미숙함을 솔직하게 시인해 상대방과 신뢰를 형성할 수 있는 여건을 만드는 것이다. 지식을 추구하는 것은 지식 만능을 신봉하기 때문이 아니라 지식의 궁극적인 한계를 확인하기 위해서다. 그리고 영적이라는 말이 반드시 특정 종교와 관련될 필요는 없다. 여기서 영적이라는 표현을 쓴 이유는 단 한 가지, 즉 인간은 어떤 의미에서든 도덕적 존재이기 때문이다. 일부 과학자들이 주장하듯이 이러한 측면조차 자연선택의 산물인지는 중요하지 않다. 현재 우리가 도덕적 존재가 되어 있다는 사실이 중요하다.

이런 사실들을 모두 인정한다면 우리는 자신의 결함이나 부족함, 즉 한계를 드러내는 데 더 이상 주저할 필요가 없다. 진정한 대화를 위해 가장 중요한 점은 자신의 한계를 솔직하게 인정하는 것이다. 이런 자세를 먼저 보여 줄 수 있는 사람이 진정 용기가 있는 사람이고 자신의 지적, 영적 능력을 진정으로 확신하는 사람이다. 자신의 지적, 영적 능력에 자만하는 사람은 결코 솔직

---

12) 이것은 이단적인 양자 물리학자였던 데이비드 봄(David Bohm)이 자신의 저서 『창조적 대화론』(에이지21, 2011)에서 주장했던 대화의 본질과 거의 같다.

하게 자신의 한계를 드러내고 약점을 인정하지 못한다. 이것은 누구나 확인할 수 있는 아주 간단한 기준이다.

이제 종교와 과학 간의 대화를 생각해 보자. 이런 관점에서 보면 과학자로서 도킨스가 『만들어진 신』에서 문제를 제기했던 방식은 결코 진정한 대화를 모색하려던 태도가 아니었음을 알 수 있다. 거기에는 오직 상대(종교 및 종교인)에 대한 조롱과 비난만이 난무한다. 비록 도킨스가 지식에 근거한 종교 비판에서는 우위를 점했을지 몰라도 종교와 과학 간 갈등의 골을 더욱 깊게 함으로써 인류 전체에 부정적인 영향을 미쳤다고 생각한다. 도킨스는 진화론에 근거한 자신의 과학적 지식에 의존해 상대방을 압박하기 보다는 먼저 진화론의 문제점과 인간 이성이 해결할 수 없는 문제가 무엇인지 솔직하게 인정하는 자세를 보였어야 했다.

이 점은 종교에도 그대로 적용된다. 과학과 가장 대화가 부족한 종교가 유일신을 믿는 종교, 특히 그리스도교임은 누구나 다 아는 사실이다. 이 가운데 특히 그리스도교 근본주의를 신봉하는 사람들이 이른바 창조과학을 통해 진화론을 극복하려는 시도는 결코 이성적인 사람들의 지지를 받을 수 없다. 도킨스의 사례에서도 알 수 있듯이 이들 간에는 대화는커녕 상대방에 대한 적개심만 가득 차 있다. 상대방에 대한 편견을 극복할 수 없다면 진정한 대화는 불가능하다. 미국의 저명한 성서학자 바트 어만

(Bart D. Ehrman)은 역사 비평적 관점에서 쓴 일련의 저서를 통해 현재의 성경이 탄생하기까지의 과정에서 발생했던 수많은 오류를 조목조목 밝히고, 교회에서 말하는 예수가 진정한 예수의 모습과 얼마나 다른지 학자적인 양심에 입각해 객관적으로 설명하고 있다.[13] 비록 그리스도교 근본주의자들에게는 거부감을 줄지라도 이성을 존중하는 그리스도교인들이라면 그의 학문적 주장에 귀 기울여 볼 만하다. 특히 그의 역사 비평적 방법론에서 과학과 종교의 접점을 발견할 수 있다.

종교인들 또한 자신의 종교만이 유일한 진리를 알려 준다고 찬양하기보다는 자신의 종교에 대해 가지고 있는 회의와 갈등을 솔직하게 드러내는 자세를 보여야 한다. 그러나 어떤 성직자나 어떤 종교인도 자신의 종교에 어떤 한계가 있는지 솔직하게 말하려 하지 않는다. 예외가 있다면 티베트 불교 지도자 달라이 라마가 아닌가 싶다. 그는 "만약 불교 교리에 검증된 과학적 사실과 모순되는 것이 있다면 나는 언제라도 불교 교리를 포기하겠다."라고 말했다.[14] 종교 지도자로서 그의 열린 자세는 종교인들

---

13) 바트 어만은 『잃어버린 기독교의 비밀』(이제, 2008), 『성경 왜곡의 역사』(청림출판, 2006), 『예수 왜곡의 역사』(청림출판, 2010) 그리고 『Did Jesus Exist?』(HarperOne, 2012) 등 일련의 저서를 통해 역사적인 존재로서 예수와 텍스트로서 성경의 의의를 객관적으로 다루었다는 점에서 주목할 만하다.

14) 달라이 라마는 일찍이 신경과학, 생물학, 인지과학, 심리학 분야의 저명한 학자들과 '마음과 생명'의 모임을 만들어 마음과 뇌의 상호작용에 대해 활발하게 토론했으며 그 결과는 이미 몇 권의 책으로 출간되었다.

뿐만 아니라 과학자들, 정치인들을 포함해 우리 모두가 본받아야 할 것이다.

　지식이냐 믿음이냐, 과학인가 종교인가. 우리에게 주어진 과제는 이 중 하나를 택하는 것이 아니다. 아인슈타인이 말했듯이 "종교 없는 과학은 절름발이고, 과학 없는 종교는 장님"이기 때문이다.[15] 진정한 대화란 상대를 헤치거나 피해를 주는 것이 아니라 다른 관점에서 생각할 수 있는 기회를 제공해 모두의 의식을 확장시키고 진정한 진리에 도달하도록 도움을 주는 소통의 수단을 말한다. 이제 종교도 과학도 모두 자신의 기득권을 내려놓고 상대를 존중하는 가운데 진정한 대화의 장으로 나와야 할 것이다.

---

15) 아인슈타인의 명언 중 가장 유명한 것으로 영어로는 "Science without religion is lame, religion without science is blind."이다.

이 글이 참고한 책

* 김기석, 『종의 기원 vs 신의 기원』 (동연, 2009)

* 목영일, 『예수의 마지막 오딧세이』 (블루 리본, 2009)

* 박영호, 『多夕 柳永模가 본 예수와 기독교』 (두레, 2000)

* 박영호, 『다석 류영모』 (두레, 2009)

* 오강남, 『종교란 무엇인가』 (김영사, 2012)

* 이부영, 『노자와 융』 (한길사, 2012)

* 이영환 · 김홍범, 『과학에서 규범으로』 (율곡출판사, 2011)

* 함석헌, 『뜻으로 본 한국 역사』 (한길사, 2006)

* 이븐 알렉산더, 고미라 역, 『나는 천국을 보았다』 (김영사, 2013)

* 샤론 베글리, 이성동 · 김종욱 역, 『달라이 라마, 마음이 뇌에게 묻다』 (북섬, 2010)

* 이자크 벤토프, 이균형 역, 『우주의식의 창조놀이』 (정신세계사, 2001)

* 데이비드 봄, 강혜정 역, 『창조적 대화론』 (에이지21, 2010)

* 리처드 도킨스, 김명주 역, 『왜 종교는 과학이 되려 하는가』 (바다출판사, 2012)

* 디팩 초프라, 이용 역, 『예수는 신인가 인간인가』 (송정, 2008)

* 디팩 초프라, 정경란 역, 『죽음 이후의 삶』 (행복우물, 2007)

* 레베카 코스타, 정세현 역, 『지금 경계선에서』 (샘앤파커스, 2011)

* 달라이 라마, 이현 역, 『달라이 라마의 종교를 넘어』 (김영사, 2013)

* 리처드 도킨스, 이한음 역, 『만들어진 신』 (김영사, 2007)

* 대니얼 데닛, 이희재 역, 『마음의 진화』 (사이언스북스, 2006)

* 바트 D. 어만, 박현철 역, 『잃어버린 기독교의 비밀』 (이제, 2008)

* 바트 D. 어만, 민경식 역, 『성경 왜곡의 역사』 (청림출판, 2006)

* 바트 D. 어만, 강주헌 역, 『예수 왜곡의 역사』 (청림출판, 2010)

* Ehrman, Bart D., 『Did Jesus Exist?』 (Harper One, 2012)

* Einstein, Albert, 『Einstein on Cosmic Religion』 (Dover Publications, INC., 2009)

* 다니엘 골드만, 이선희 역, 『마음이란 무엇인가』 (씨앗을 뿌리는 사람, 2006)

* 버나드 헤이시, 석기용 역, 『신이론』 (책세상, 2010)

* 샘 해리스, 강명신 역, 『신이 절대로 답할 수 없는 몇 가지』 (시공사, 2013)

* 스티븐 호킹, 레오나르도 플로디노프, 전대호 역, 『위대한 설계』 (까치글방, 2010)

* 데이비드 호킨스, 백영미 역, 『의식 혁명』 (판미동, 2011)

* 크리스토퍼 히친스, 김승욱 역, 『신은 위대하지 않다』 (알마, 2008)

* 칼 구스타프 융, 이윤기 역, 『인간과 상징』 (열린책들, 2012)

* 존 폴킹혼, 우종학 역, 『쿼크, 카오스 그리고 기독교』 (SFC출판부, 2009)

* 피터 러셀, 김유미 역, 『과학에서 신으로』 (해나무, 2007)

* 레프 니콜라예비치 톨스토이, 이동진 역, 『아무도 모르는 예수』 (해누리기획, 2006)

* 앨런 월리스, 최호영 역, 『뇌의식과 과학』 (시스테마, 2011)

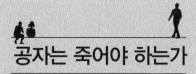

공자는 죽어야 하는가

오늘날 유교의 종교적 역할

노영찬

미국 조지메이슨 대학교 종교학과 교수이자 동 대학원 한국연구소 소장. 연세대학교 신학과를 졸업하고, 미국 켈리포니아 대학교에서 종교학 박사학위를 받았다. 율곡 이이의 철학을 미 학계에 소개한 공로로 2004년 율곡학술대상을 받은 바 있다. 지은 책으로는 『우리가 길이요, 우리가 책이다』, 『이율곡의 한국 신유학』(영문 출간) 등이 있다.

공자의 역할은 끝났다?

　1999년과 2001년 사이에 한국에서 크게 화제가 되었던 두 책이 있다. 하나는 1999년에 나온 김경일 교수의 『공자가 죽어야 나라가 산다』이고, 다른 하나는 2001년에 나온 오강남 교수의 『예수는 없다』이다. 물론 이 두 책은 종교 전통, 사상적 체계, 역사적 배경이 달랐다. 유교 전통과 기독교 전통이라는 완전히 다른 맥락에서 접근했지만 두 책이 다루는 주제는 같았다. 하나는 한국의 전통 가치관, 사회구조, 사고방식을 대표하는 유교에 대한 부정적 평가를, 또 하나는 한국 근대사회에 가장 큰 영향력을 끼치고 있는 한국 기독교에 대한 부정적 평가를 다루었다. 두 책은 유교나 기독교로 인한 한국 사회의 부정적인 면을 신랄하게 비판했다. 또한 유교나 기독교 자체를 부정하거나 그 본래 정신을 부인하는 것이 아니라, 두 전통이 가져온 왜곡과 허상을 파괴하고 그 실상을 찾아 그 정신을 새롭게 이해해야 한다고 주장했다.

두 책은 한마디로 한국 사회가 잘못 이해하고 있는 전통적인 유교 가치관이나 기독교적인 종교성을 정확히 반영해 주는 좋은 예가 되었다. 또한 두 책 모두 베스트셀러였다는 사실은 한국 사회의 정서와 한국인의 종교에 대한 태도를 명백히 보여 주었다. 나는 이 글에서 한 종교학자로서 유교의 종교성과 유교가 한국 사회를 위해 할 수 있는 역할을 간단히 말해 보려고 한다.

조선의 멸망, 일제 강점, 해방 후의 혼란과 부정부패, 한국전쟁, 군사독재 등 수없이 많은 국가적 위기를 거치면서 유교는 어떤 역할을 해 왔을까? 유교라 하면 사람들은 일반적으로 군주제도, 보수적 가치관, 남존여비, 맹목적 충과 효, 위선적 사회윤리, 명분주의, 권위주의, 과거지향주의, 정실주의 등 한국 근대화의 걸림돌이 된 것들만 나열하게 된다. 쉽게 말해서 한국 사회의 모든 부정적인 면의 원인이 다 유교에서 비롯되었다는 견해다. 그렇다면 공자는 마땅히 죽어야 한다. 사실 예수는 죽었지만 다시 살아났다는 부활의 신앙이라도 있지만 공자에게는 부활 같은 것이 없으니 이제 공자는 끝난 것이 아닌가?

유교가 종교인가?

유교가 종교냐 아니냐 하는 질문을 많이 한다. 그러나 유교가 종교인지 아닌지를 묻기 전에 먼저 종교가 무엇인지 물어야 한다. 우리는 흔히 종교에 대해서 이미 다 알고 있다고 착각할 때가 많다. 그리고 우리가 내린 종교에 대한 정의에 입각해서 어느 것은 종교이고 어느 것은 종교가 아니라고 판단한다. 종교가 될 수 있는 자격과 기준은 무엇인가? 그리고 유교는 이 기준에 속하지 못하는 것인가? 사실 종교를 '정의'하기는 쉽지 않다. 많은 종교학자가 학문적으로 종교를 정의해 왔지만 종교는 무한의 세계, 신비의 차원, 경험의 세계를 다루기 때문에 이러한 무한, 신비, 경험의 세계를 유한한 인간의 사고나 논리, 이성으로 정의하기는 어렵다. 그러나 종교가 인간의 문화를 통해서 역사적으로 어떤 기능을 해 왔는지에 대한 현상학적(phenomenological) 고찰은 할 수 있다. 종교를 그 내용으로 정의하는 것이 아니라 기능으로 정의하는 것이다. 예를 들어 유교가 그 내용이 어떻든 간에 기능면에서 동아시아 문화권에 끼친 영향은 그리스도교가 서구 역사나 사회에 끼친 영향과 '대등'하다는 것이다. 이러한 '기능적 대등(functional equivalent)'[1]의 입장에서 보면 동아시아에서 유

---

1) 래이먼 파니카(Raimon Panikkar)는 이러한 '기능적 대등'을 'homeomorphism' 이라는 말로 표현하고 있다. 『Raimon Panikkar The Intrareligious Dialogue (revised edition)』, New York: Paulist Press. 1999. P18,17.)

교는 서구의 그리스도교와 대등한 역할을 해 왔다고 볼 수 있다.

이 글에서는 우선 일반적으로 통용되는 종교관으로 유교를 생각해 보자. 다시 말해서 종교는 '신'이나 '하나님' 같은 존재 혹은 창조주 같은 절대자가 있어야 하고, 죽은 후에 갈 천당이나 지옥이 있어야 하고, 절대자의 계시를 받은 자가 있거나 해탈의 경험을 하는 등 신비적인 체험이 있어야 한다는 등의 극히 일상적인 종교관에서 유교를 한번 살펴보자.

원래 공자(孔子)는 자신이 그리 대단한 사람이라고 생각하지 않았다. 그리고 자기가 가르치는 내용도 특별한 신의 계시를 받아 만들었거나 생각해 낸 것이 아니라고 했다. 공자는 자신의 사명은 '창조'가 아니라 이미 있는 것을 후세에 전달하는 것이라 생각했다. 공자의 '술이부작(述而不作)'이라는 말이 이를 가장 잘 보여 준다. 사실 공자는 어릴 때부터 중국 고전인 『시경(詩經)』, 『서경(書經)』, 『역경(易經)』 등에 익숙했다. 뿐만 아니라 공자가 이룬 전통은 공자의 것이 아니라 공자 전부터 내려오던 '유(儒)'의 전통이었다.

인류의 문명사를 보면 종교의 이름은 흔히 그 종교를 세운 사람의 이름에서 따왔다. 그러나 '유교(儒敎)'는 특정한 창시자의 이름이 아니라 보편적인 인간의 흐름을 따르고 가르치는 인간학이다. '유(儒)'라는 말은 인간이 선비의 정신으로 배움의 길을 따른다는 뜻이다. 공자는 바로 이러한 길을 따르기 위한 일생을 보냈다. 따라서 유교라는 말은 바로 이러한 인간됨의 길을 배우고 가르친다는 뜻이다. 공자는 자신을 특별한 초월자로 여기지도 않았고 다른 종교에서 볼 수 있는 것처럼 특별한 계시를 받은 적도 없다. 그의 가르침은 인간의 보편적 진리에 입각해 있었다. 철저한 인간됨의 길을 가르친 것이 바로 공자다.

공자는 제자들로부터 종종 종교적인 질문을 받았다. 예를 들어 신을 어떻게 섬겨야 할지, 죽음이 무엇인지, 우리가 죽은 후에는 어떻게 되는지에 대한 질문이었다. 그러나 공자는 이러한 종교적 질문에 다음과 같이 간단히 대답했다. "인간도 섬길 줄 모르면서 신을 어떻게 섬길지를 말하겠느냐", "삶에 대해서도 충분히 이해하지 못하면서 어떻게 죽음에 대해서 알려고 하는가?(논어 11:11)"라고 했다.[2] 정곡을 찌르는 답이다.

그러나 공자의 대답은 철저히 인간적이고 세속적이었다. 공자의 이러한 답을 볼 때 과연 유교를 종교라고 부를 수 있을지 의문이다. 오히려 일반 도덕이나 윤리, 사회를 이끌어 가고 백성을 다스리는 정치 철학이나 이념으로 여겨야 하지 않을까? 역사적으로 유교는 종교적 기능보다는 인간의 윤리 혹은 도덕 철학, 정치 이념의 역할을 해 왔다. 조선시대를 봐도 유교를 공식적인 지도 이념으로 삼았고 인간의 생사화복(生死禍福) 같은 종교적인

---

2) 季路問事鬼神 子曰 未能事人 焉能事鬼 敢問死 曰 未知生焉知死 (論語, 先進, 十一)

문제는 불교나 무교(巫敎)가 담당했다.

유교가 지닌 종교성

그러나 공자의 답을 더 주의 깊게 분석해 보면 공자가 반드시 내세를 부인하거나 신을 받들고 섬기는 것을 부정한 것은 아니다. 다만 공자의 관심은 '이 세상'과 '인간'에 있었다. 다시 말하면 공자의 입장은 '이 세상'을 통해서 '저 세상'을 보고, '인간'을 통해서 '신'을 보고 '삶'을 통해서 '죽음'을 보고, '과거'와 '현재'를 통해서 '미래'를 보자는 것이다. 유교적 관점은 삶과 죽음, 이 세상과 저 세상, 인간과 신이 따로 분리된 것이 아니라 이 둘이 서로 연결되어 있다. 공자의 종교성은 초월성과 내재성, 신과 인간, 이 세상과 저 세상의 분리에 있는 것이 아니라 그 반대로 이런 것들이 서로 역동적으로 연결되어 있었다는 사실에 있다.

공자는 『논어(論語)』에서 '하늘(天)'에 대한 언급을 여러 번 했다. 중국사 가운데 주나라(周, BC 1046~256) 이전에는 주로 '상제(上帝)'라는 인격적인 신을 가리키는 말로 썼지만, 공자 때에는 비인격적인 '하늘'이라는 말이 점점 더 많이 쓰였다. 공자는 분명히 자기를 넘어서는 우주적 힘을 인정했다. 그러나 이러한 하늘의 초월성을 이 세상이나 인간 세계와 완전히 단절된 독립 개념으로 이해하지 않고 하늘과 인간을 연결시켜 생각했다. 다시 말해서 공자의 '천'은 인간과 단절된 초월적 '하늘'이 아니고 인간 완성의 연속성에서 인간과 하늘의 역동적 연관성을 강조하는 말이었다.

하늘 천(天)은 사람 인(人)의 연장이다. 즉 '인'이 커지면 '대(大)'가 되고 이 '대'가 더 커지고 올라가면 '천'이 된다. 즉 인간의 완성은 '하늘'로 연결된다. 『논어』에는 공자가 자기 자신의 일생을 한 문장으로 요약한 구절이 나온다. "15세에 배움에 대한 마음을 굳히고, 30세에는 이 배움 위에 굳게 일어섰으며, 40세에는 의심의 유혹이 없었으며, 50세에는 천명(天命)을 알았고, 60세에는 이 '천명'을 듣고 따르는 귀를 가졌으며, 70세가 되었을 때는 내 마음이 원하는 대로 따를지라도 옳은 것을 범하지 않았다.(논어2:4)"[3] 이 유명한 공자의 말 가운데 '천명'을 살펴보자.

중국 고전에서, 특히 공자의 『논어』에는 '천명'이 여러 번 나오지만 그 뜻은 실로 다양하다. 심지어는 공자 자신도 천명이라는 말을 반드시 한 가지 의미로 쓰지 않았다. 사실 천명 사상은 공자만의 표현이 아니었다. 맹자(孟子) 역시 종종 언급했다. 그러나 공자가 생각했던 천명은 그리스도교에서 말하는 인격적인 유일신관의 초월적 존재로서 하나님께 계시를 받는 것과는 전혀 다른 의미다. 공자가 50세에 천명을 알았다는 것은 그리스도교

---

[3] 子曰 吾十有伍而志于學 三十而立 四十而不惑 伍十而知天命 六十而耳順 七十而 從心所欲 不踰矩 (論語, 爲政, 四)

에서 사도 바울이 전격적으로 예수의 음성을 들은 것과 같은 극적인 경험이 아니었다. 또한 불교에서 말하는 석가(釋迦)가 오랜 명상의 과정에서 도달한 '깨달음(覺)'의 경험도 아니었고, 모세가 시내 산에서 경험한 초월자와의 만남도 아니었으며, 모함마드가 어느 날 갑자기 받은 계시의 경험도 아니었다. 공자의 경험은 과거와 단절되지 않고 지속과 연속으로 연결되는 삶의 수신(修身)이었다. 그러기 때문에 천명을 아는 데서 그치지 않고 천명을 안 후에도 지속되었다.

그렇다고 해서 공자의 경험이나 유교적 수신의 길이 단순히 인간 본위였다고는 볼 수는 없다. 흔히 유교를 단순한 '인문주의(휴머니즘)'으로 보는 것은 큰 잘못이다. 물론 유교는 인간, 이 세상, 현실 사회를 강조하지만 그렇다고 유교를 서구의 인문주의로 여기는 것은 잘못이다. 유교의 '인간 이해'는 인간을 단순한 인간의 차원과 인간의 관점에서만 이해하지 않는다. 왜냐하면 인간 본성은 원래 하늘에서 주어진 것이기 때문이다(中庸, 1:1).[4] 유교적 인간 이해는 인간에서 출발하는 것이 아니라 '하늘'에서 출발한다. 즉 하늘이 인간에게 부여한 인간의 본성에서 출발한다. '하늘'을 전제하지 않는한 인간 이해는 불가능하다. 인간을 알려면 먼저 '하늘'을 알아야 한다. 유교의 올바른 인간 이해는

---

4) 天命之謂性 率性之謂道 修道之謂敎 (中庸章句 一)

인간이 아니라 '하늘'에 뿌리를 두고 있다.

여기서 동아시아의 '유교적 휴머니즘(Confucian humanism)'은 서구의 '세속적 휴머니즘'과 철저히 구별된다. 더 나아가서 유교적 인간 이해는 '인간'의 차원을 넘어선다. 참 인간이 되기 위해서는 단순한 '인간' 세계를 벗어나서 '하늘'과 닿는 경험이 있어야 한다. '인간'만으로는 참인간이 될 수 없다는 것이다. 어릴 때부터 흔히 들어온 "사람이면 다 사람이냐, 사람이 되어야 사람이지"라는 말은 바로 이러한 유교 정신을 잘 나타내고 있다. 간단히 말하면 인간을 이해할 때 '세속적'인 차원에서만 이해해서는 안 된다는 것이다. 인간의 참된 모습을 알기 위해서는 세속적 차원을 떠나서 어떤 '성스러운(聖)' 차원에 들어가야 한다.

이러한 차원은 신유교(新儒敎), 특히 중국의 주희(朱熹), 한국의 이퇴계(李退溪)와 이율곡(李栗谷) 등의 생각에서 잘 드러난다. 신유교 전통에서는 인간됨의 가장 핵심적인 부분을 '경(敬)'과 '성(誠)'으로 나타낸다. 신유학자들 사이에서 때로는 '경'이 먼저인지(퇴계의 경우) '성'이 먼저인지(율곡의 경우)에 대한 논란이 있었지만 궁극적으로 경과 성은 인간이 인간되고 모든 만물이 만물되게 하는 기본적 원칙이었다. 그러나 이 둘은 단순히 추상적 이념으로 그치는 것이 아니라 우리의 삶 가운데서 이룩해야 할 구체적인 실천 강령이었다. 신유교의 경과 성은 단순한 도덕적, 윤리적 개념이 아니라 근본적으로 종교적 차원에서 이해해야 한다. 이것이 유교 특유의 '종교성'이다.

　여기서 '경'은 단순한 존경의 차원을 넘어서는 개념으로, 즉 인간이 하늘과 만나고 하늘과 이어질 때 느끼는 경험이라 할 수 있다. 또한 종교학자 루돌프 오토(Rodolf Otto)가 『거룩(Das Heilige)』에서 보여 주는 차원이자[5] 신학자 폴 틸리히(Paul Tillich)가 말하는 "궁극적 관심(ultimate concern)"에 사로잡힌 인간의 모습이며 종교학자 미르치아 엘리아데(Mircea Eliade)가 말하는 "성스러움(sacred)"이다.

　유교의 종교성은 이 세상을 떠난 초월의 차원에서 찾는 것이 아니라 인간의 내적 경험의 차원에서 찾고, 초자연적 세계가 아

---

5) 좀더 엄격하게 말하자면 유교의 '경(敬)'이나 '성(誠)'의 개념은 루돌프 오토의 '거룩(Das Heilige)'과는 좀 다른 점이 있다. 루돌프 오토의 "거룩"은 "numinous"의 경험이다. 즉 외적인 초월자나 외적 힘과 만나는 경험이다. 서구전통 특히 유대교나 기독교에서 보이는 현상으로 모세나 예언자들이 그들의 "신"과 만날 때 일어나는 현상이다. 그러나 동양 종교 특히 유교에서는 이러한 외부적인 초월적 존재와의 만남보다는 인간 자신의 내면에서 저절로 우러나오는 "두려움"이라는 신비스러운 감정이 있다. 이런 면에서 본다면 루돌프 오토의 "거룩"의 개념은 유교적인 "경" (敬)의 개념과는 뚜렷이 구분되어야 한다. 그러나 그럼에도 불구하고, 외적인 관계에서 경험할 수 있는 "거룩"이든 혹은 내적관계에서 경험할 수 있는 "경" (敬)이나 "성(誠)이라는 인간이 이러한 경험을 통틀어 "종교적 경험"이라 할 수 있을 것이다. 여기서 나는 단순히 유교가 가지는 "경"(敬)이나 "성(誠)의 경험이 근본적으로 종교적 차원을 가지고 있다고 본다. 이러한 종교적 경험을 니니안 스마트(Ninian Smart)의 이론을 적용해서 유교의 종교적 경험의 차원을 찾아 보자는 것이다. 물론 니니안 스마트(Ninian Smart)는 유교에 대해서는 언급하지 않았지만 그가 말하는 "종교적 경험"은 유교를 충분히 포함할 수 있다. 니니안 스마트(Ninian Smart)의 종교 경험에 대한 이해를 위해서는 다음의 문헌을 참고하기 바란다. Ninian Smart, 『Understanding Religious Experience" Mysticism and Philosophical Analysis (Edited by Steven Katz)』 (London and New York: Oxford University Press, 1978) Pp 10-21.

니라 평범한 세상의 일상성에서 찾아야 한다. 그러나 유교가 말하는 평범함과 일상성은 결코 세속적인 것을 가리키지 않는다. 서구적인 사고는 '성'과 '세속'을 이원론적으로 분리하지만 유교의 '성'은 '세속' 가운데 있다. 종교학자 라이몬 파니카(Raimon Panikkar)는 이러한 세속 가운데, 그리고 세속과 떨어질 수 없는 성의 차원을 "세속적 성스러움(sacred secularity)"이라고 표현했다. 이런 점에서 볼 때 유교는 단순한 도덕이나 윤리, 정치 사상으로만 볼 수는 없다. 그리고 반드시 서구 기독교적 틀에 의해서 유교의 종교성을 정의해서도 안 된다.

가정에 머무는 유교

한걸음 더 나아가서 유교가 가지는 새로운 차원의 종교성을 깊이 이해하면 종교에 대한 더 깊고 새로운 이해의 차원에 도달할 수 있다. 다시 말해서 이제까지의 문제는 유교가 종교냐 아니냐를 묻는 질문이 전부였지만, 유교에 대해 깊이 이해하게 되면 종교가 무엇인지, 종교에 대한 새로운 정의를 찾을 수 있다. 유교가 가진 종교성은 종교라는 개념 자체를 바꾼다. 구태여 초월자, 창조자, 심판, 내세 그리고 종교적 기구(institution)로서의 성당, 교회, 회당, 사찰 등의 사회적 조직을 갖추지 않아도 '종교성'은 얼마든지 존재할 수 있다. 물론 유교에도 향교, 서원, 국가적인 차원에서는 성균관 같은 조직이나 기구가 있다. 그러나 다른 종교에 비하면 그 역할이 미미하다. 이러한 종교적인 조직이나 기구가 있어야만 종교가 성립하고 이런 것이 없으면 종교가 되지 않는다는 전통적 사고는 유교의 경우를 이해하면 허물어지고 말 것이다.

이렇게 보면 유교에서 정신적 내지 종교적 성격을 가지는 '성스러움'이 이루어지는 곳, 곧 유교의 성전(sanctuary)은 일상생활과 떨어진 특정한 장소, 즉 교회, 성당, 사원과 같은 종교인들이 거룩하게 여기는 장소가 아니다. 물론 유교에서도 종묘(宗廟)와 같이 조상을 모시는 특정한 곳이 있지만 일반적으로 유교 전통이 가장 잘 살아 있는 곳은 '가정'이다. 가정에서 제사를 지내고 유교의 기본적 교육이 시작되며, 가정을 통해서 유교 전통이 이어진다. '가정 교육'은 가정에서 부모 밑에서 자라면서 일상생활을 통해서 받는 교육이다. 이 가정 교육은 그 내용에 있어서는 사실상 유교적인 교육이다.

갈수록 기구적이고 제도적인 종교가 점점 그 의미를 잃어 가고 있다. 그리스도교에서도 교회가 지나치게 비대해지면서 오히려 그리스도교가 가져야 할 종교성을 잃고 있다. 유교 역시 지나치게 형식과 격식을 따지는 하나의 거대한 사회적 기구가 되었을 때 그 의미를 잃게 되었다. 현대 그리고 현대를 넘어서는 새로운 시대의 종교는 이러한 기구나 형식의 틀을 넘어 우리의 일상생활 속에서 경험할 수 있는 종교성에 더 관심을 둔다. 유교의 특징은 다른 종교 같이 교회나 사원 같은 기구를 갖지 않으면서 유교적 가치나 정신성을 가르치고 전승할 수 있는 곳이 바로 가정이라는 점이다. 쉽게 말해서 유교의 성전, 교회, 사원은 바로 각 가정의 안방과 건넌방이라 할 수 있다. 예를 들어서 유교에서 가장 중요한 예식인 제사를 가정에서 지내고, 안방에서 아침식사나 저녁식사를 하면서 '예(禮)'를 배운다. 이처럼 유교가 우리 일상생활에 가장 가까운 가정을 유교의 정신과 가치를 전승시킬 수 있는 터전으로 삼은 것은 요즘 말로 표현하면 '포스트모던'한 시도였다고 볼 수 있다. 물론 이러한 가정 중심의 유교가 권위주의, 남존여비, 가부장 제도의 비극적인 측면을 야기하기도 한 것은 사실이다. 그러나 만약 유교가 제도나 권위의 탈을 벗고 유교 본래의 '인(仁)'과 '예'의 본래의 정신을 강조하고 실천한다면 시대를 앞서가는 '포스트모던' 정신에 다름 아니라 생각된다. 제도나 기구, 권위로 이끌어가는 종교의 시대가 지나고 우리의 생활 속에서 이루지는 종교성이 도래하는 시대정신이 바로 '포스트모더니즘'의 종교성이기 때문이다. 나는 이러한 유교의 특징을 종교의 '포스트모더니즘'과 연관시켜 고찰한 바 있다.[6]

---

6) 노영찬, 「Confucian Sanctuary: Worldview Analysis and Confucianism" The Future of Religion: Postmodern Perspectives: Essays in Honour of Ninian Smart」(Edited by Christopher Lamb and Dan Cohn-Sherbok, London: Middlesex University Press, 1999), Pp 130-138.

오늘날 전통적 종교도 이러한 경향으로 흘러가고 있다. 이런 점에서 유교야말로 21세기를 장식하는 새로운 종교성의 모델과 틀을 이미 보여주고 있지 않은가.

정신이 살아 있는 종교

유교에서는 그리스도교와 달리 창시자의 역사성이 절대적으로 중요하지 않다. 공자의 가르침으로 '유(儒)'의 전통을 계승하는 데 역사적 의미가 있기 때문에 공자의 죽음이 유교 전통에 결정적인 영향을 미칠 이유나 필요가 없다. 그러나 유교가 지금의 한국 사회에서 비판받는 이유는 이미 죽은 지 오래된 공자만 열심히 살리고 정작 살려야 할 공자의 정신인 '유'는 죽여 버렸기 때문이다. 그리스도교도 '예수'만 떠들어 내세우지만 정작 예수가 실천했던 '그리스도'의 정신은 없어졌다. 이런 관점에서 보면 당연히 형식과 권위와 율법적인 공자는 죽고 '유'가 살아나는 유교, 형식적으로나 위선적으로 입으로만 외치는 '예수'는 없어지고 '그리스도'의 정신이 지배하는 그리스도교가 바로 우리가 바라는 새로운 형태의 종교가 아니겠는가?

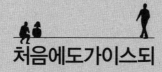

처음에도가이스되

성서 번역에서 보는 토착 언어의 창조적 기능

민영진

성서 번역자. 세계성서공회연합회 번역정책위원, 원문성경 편집위원, 불교 독자를 위한 해설성서편집
위원, 아태지역번역컨설턴트를 역임했다. 현재 몽골, 라오스, 베트남, 캄보디아 등지에서 성서 번역과
개정 컨설팅을 맡고 있다. 17년간 감리교신학대학교 교수로 재직했으며, 그후 20년간 대한성서공회번
역책임 부총무, 행정 총무(CEO)로 활동했다. 지은 책으로 『국역성서연구』, 『히브리어에서 우리말로』,
『성경바로읽기』 등이 있다.

기독교 경전인 『신약성서』는 처음부터 그리스어로 기록되었다. 그 가운데 「요한복음서」는 이르게는 70년 예루살렘 파멸 이전에, 늦게는 1세기 말경에 쓰인 것으로 알려져 있다. 기록자는 예수의 제자 요한, 혹은 에베소의 장로 요한 등으로 추측할 수 있으나, 현재의 자료로는 분명하게 밝혀내기 어렵다. 로마의 주요 속주(屬州)였던 에베소에서 기록된 것으로 보는 견해가 있긴 하다.

　같은 셈족 언어인 히브리어 혹은 아람어를 말하는 팔레스타인 땅에서 이루어진 '일'(히브리어 '다바르')이 히브리어와 아람어로 구전되다가, 당시의 국제 언어였던 그리스어로 기록되었다고 보는 것이다. 「요한복음서」의 내용을 구성하는 자료들이 초기 단계에서 이미 그리스어로 통역되었거나 번역되었을 터이므로 그리스어「요한복음서」의 히브리어 원문을 찾는 작업은 시도된 적이 없다.

그리스어「요한복음서」1장 1절을 우리말로 옮겨 보면 이렇다.

태초에 '로고스'가 있었다.
'로고스'는 하나님과 같이 있었다.
'로고스'는 곧 하나님이다.

「요한복음서」에 기록된 그리스어 '로고스'가 히브리어로는 어떤 말이었을까? 많은 이들이 궁금해할 듯하다. 그리스어「요한복음서」보다 앞선 히브리어「요한복음서」가 없기 때문이다. 19세기와 20세기에 그리스어「요한복음서」를 히브리어로 번역한 이들은 '로고스'를 히브리어 '다바르'로 번역했다. 거의 같은 무렵에 중국어와 한국어 번역에서는 그리스어 '로고스'를 '도(道)' 혹은 '말씀'으로 번역했다. '다바르'와 '로고스'와 '도'가 이렇게 오랜 시간 후에 번역 과정에서 만난다. 이 만남에서 무슨 일이 생기는가? 우선 말해 두고 싶은 것은 토착 용어가 활용된 번역에서는 원문 주석의 통제력이 심하게 상실된다는 것이다.

처음에도가이스되

도가 하느님과함게ᄒᆞ니

도는곳 하느님이라[1]

(『예수셩교 요안ᄂᆡ복음젼셔』(1882)[2] 요1:1)

　여기에서 '도'로 번역된 것이 그리스어에서는 '로고스'이고, 히브리어에서는 '다바르'다. 그리스어 '로고스'가 인도 · 유럽 언어를 비롯해 여러 언어에서는 일반적으로 '말(言)'로 번역되고[3], 중국어에서는 일반적으로 '도'로 번역되며[4], 한국어에서는 '도'와 '말씀'으로 번역되고, 히브리어에서는 '다바르'로 번역되면서 그리스어 본문이 의도하지 않은 의미의 신축적 변화(變化)를 일으켰다.

다바르, 로고스, 도[5]

　신약의 원문은 물론 그리스어다. 복음서에 나오는 예수의 말도

---

1) 최초의 우리말 「요한복음서」 번역이다. 띄어쓰기가 전혀 되어 있지 않다. 두 번 나오는 "하느님" 앞에 한 칸이 비어 있는 것은 띄어쓰기가 아니라 '하느님'이라는 말에 경의(敬意)를 표현하는 대두법(擡頭法)의 한 양식이다.

3) 「예수셩교요안ᄂᆡ복음젼셔」 (광셰팔년, 심양 문광셔원, 1882년 초판) 신을 칭호하는 "하느님"이 1883년 재판(개정판)에서는 "하나님"으로 바뀐다.

4) the Word, das Wort, Le Parole

5) 「思高譯本」(1968)은 "聖言"(성언 – 거룩한 말씀)

6) 민영진, 『다바르, 로고스, 도』, 「들소리문학11」 (2013년 6월)에 실린 내용 재수록.

히브리어 · 아람어였지만 신약에 기록되어 전해질 때에는 그리
스어로 번역되어 전해졌다. 이 그리스어 신약을 구약성서의 히
브리어로 다시 번역한 것이 있다. 하나는 델리치의 히브리어 신
약이고[6], 또 다른 하나는 살킨손 긴스벅의 히브리어 신약이다.[7]
이 두 히브리어 신약에는 그리스어 '로고스'가 다같이 '다바르'
로 번역되어 있다.

BDB, DBLSD, TWOT[8] 같은 사전은 히브리어 '다바르'가 지닌
다양한 의미 가지를 분류해 제시한다. DBLSD 사전을 참고하면,
'다바르'는 단독으로, 혹은 다른 낱말과의 문법적 결합으로, 혹
은 역사와 지리적 환경의 변화에 따라 여러 의미로 사용된다. 기
본적 의미는 '말'과 관계가 있다.[9]

---

7) DLZ - 『Delitzsch Hebrew New Testament』 19세기 독일 학자 프란츠 델리츠(Franz Julius
Delitzsch, 1813~1890)가 엘저비어(the Elzevir)가 편집한 「Received Greek Text」(1624)를
번역한 것이다. 초판이 1877년에 나온다. 아직 현대 히브리어가 생성되기 이전이다. 낱말이
나 표현이 구약의 것을 그대로 따른 축자 번역이다.

8) HNT - 살킨손 긴스벅(Salkinson-Ginsburg)이 편집해서 펴낸 「Hebrew New Testament」
(1886 · 1999). 이것 역시 「Textus Receptus Greek NT」를 히브리어로 번역한 것이다. 1999
년에 개정되어 나온 것으로서 아직 The Society For Distributing Hebrew Scriptures가 판권
을 가지고 있다.

9) BDB - Brown, F., Driver, S. R., & Briggs, C. A. (2000). DBLSD - by Swanson, J. (1997).
『Dictionary of Biblical Languages with Semantic Domains: Hebrew (Old Testament)』
(electronic ed.). 각 낱말이 의미 분야로 정리된 구약성서 히브리어 사전. TWOT -
「Theological Wordbook of the Old Testament」(edited by R. Laird Harris, Gleason L. Archer,
Jr., and Bruce K. Waltke, The Moody Bible Institute of Chicago, 1980)

10) statement, speaking, account, happening, event, matter, thing······. 구문관계로 다른 낱말
과 결합되어 생성되고 확대되는 의미의 열거는 여기에서는 생략한다.

그리스어 '로고스'의 뜻 역시 스완손의 것[10]을 참고하면, 역시 '말'과 유사한 정의들이 열거된다.[11] '도'의 경우는 도가(道家) 자체가 "도가도비상도(道可道非常道), 명가명비상명(名可名非常名)"이라고 함으로 이 용어 자체의 정의를 거부하고 있다. 신적 존재와 직결되는 그리스어 '로고스'가 한자 문화권에서 '도'로 번역되었다는 것은 신비롭고 기이하다. 오히려 그리스어 원문보다 그것이 나타내려고 하는 실재를 더 잘 말하고 있기 때문이다.[12]

1882년에 "처음에 도(道)가 이스되 도(道)가 하느님과 함게ᄒ ᆞ니 도(道)는 곳 하느님이라"는 기독교가 우리나라에서 토착되는 과정에서 기독론과 관련된 '로고스'가 기존 문화에서 토착된 용어였던 '도'를 차용한 것은 큰 의미가 있다. 중국어 한문 성경의 영향으로 간단히 넘길 수도 있지만 일본어 번역이 처음부터 '로고스'의 일본어 대응어를 '언엽(言葉, ことば)'으로 선택한 것과는 대조된다. 한국적 동의(同議)가 한자의 함의(含意)를 충분

---

11) logos in Swanson, J. (1997). Dictionary of Biblical Languages with Semantic Domains: Greek (New Testament) (electronic ed.). Oak Harbor: Logos Research Systems, Inc.

12) statement, that which is said, speech, the act. of speaking; gospel, the content of what is preached about Christ, treatise, systematic treatment of a subject; Word, Message, a title for Christ, account, a record of assets and liabilities, reason, a cause for something, event, matter thing, appearance, to seem to be, accusation, legal charge of wrongdoing……

13) 도에 관한 서양인들의 이해와 기술에 관해서는 위키피디아에 나오는 "Tao 道" 내용을 보라.

히 이해한 것으로 판단할 수 있는 대목이다.

위에서 언급한 전문적인 낱말 사전들이나 백과사전을 통해 '다바르', '로고스', '도' 이 세 낱말의 의미를 고찰하다 보면 낱말들이 지닌 공통 의미와 초창기부터 지녔던 원시적 의미보다는 역사적, 지리적 환경 변화를 겪으면서 발전한 의미의 생성 과정을 접하게 된다. 말하자면 각 낱말 사이 의미 관계의 대동소이(大同小異)보다는 소동대이(小同大異)를 확인할 수 있는 것이다. 세 낱말 사이에 의미상의 연결이 있을 것이라는 것을 가정해 '다바르', '로고스', '도'의 만남을 다음과 같은 도식(圖式)으로 만들어 보았다.

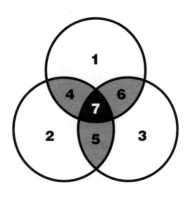

원1은 히브리어 다바르(Dabar)의 의미 영역을 표시한 것이고, 원2는 그리스어 로고스(Logos)의 의미 영역을, 원3은 한자 타오

(道, Tao)의 의미 영역을 각각 표시한 것이다. 조각4는 다바르와 로고스가 겹친 부분이고, 조각5는 로고스와 타오가 겹친 부분, 조각6은 다바르와 타오가 겹친 부분, 조각7은 다바르 로고스 타오가 겹친 부분이다. 겹친 부분은 정확한 비율을 나타내는 것이 아니고 의미 영역에 겹친 부분이 있다는 사실만을 시각화하고 있다.

히브리적 사유와 그리스적 사유와 동양적 사유의 만남에서 어떤 일이 일어나는가? 우리말 번역으로 이 본문을 읽은 최초의 독자들은 대부분 이것이 그리스어 '로고스'의 우리말 대응어라거나, 중국어 성경의 '도'를 그대로 번역한 것이라거나, 저 멀리 히브리어로까지 소급해 본래 말이 '다바르'라고 하는 낱말의 번역이라고까지는 생각하기가 어렵다. 19세기 말에 우리말 번역으로 이 본문을 읽은 독자들에게는 '도'는 그저 '도'일 뿐이다. 독자가 알고 있던 도의 개념이 본문을 읽는 그들을 지배했을 것이다. 원문의 의미가 확대되기도 하고 축소되기도 하며, 저자의 의도와는 전혀 다른 뜻으로 읽히기도 했을 것이다. 이것이 바로 본문이 번역되고 새로운 독자를 만나, 새로운 의미가 생성되는 배경이자 과정이다. 번역은 창조와 파괴를 동시에 수반하는 모험이다. 번역은 단순한 의미 전달에서부터 새로운 의미 형성에 이르기까지의 기능을 태생적으로 행사한다.

언어학, 사전학, 의미론 등에 문외한이라 하더라도, 히브리어

'다바르'와 그리스어 '로고스'와 한자의 '도'가 서로 의미가 일치하는 낱말이 아닐 것이라는 점은 짐작할 수 있다. 의미 영역이 완전히 일치하는 낱말이 서로 다른 언어들 사이에 있을 수 없다는 것 역시 널리 알려진 사실이다. 그러나 세 언어에서 어떤 낱말들이 대응 관계를 가지는 것이 가능하다면 각 낱말이 의미 영역에서 겹치는 부분이 있으리라는 사실은 쉽게 상상할 수 있다. 그러나 그것이 실제로는 별 기능을 하지 못한다는 것도 경험에서 안다. 왜냐하면 번역 작품을 읽는 독자들이 원어와 대응어 사이에 겹치는 의미 영역을 생각할 것이라는 믿음은 허구에 불과하다. 독자들은 겹치는 의미 영역을 읽는 것이 아니라 자기가 이해하는 만큼의 토착적 경험 지식을 가지고 본문에 접근하기 때문이다.

'로고스'의 번역

중국어

『代表者譯本』(1854) 요 1:1

元始有道, 道與上帝共在, 道卽上帝,

『新約串珠』(1895)[13] 요 1:1

元始有道, 道與上帝共在, 道卽上帝

『新約全書』(1896)[14] 요 1:1

元始有道 道偕神 道則神[15]

『新約聖經 文理串珠』(1912)[16] 요 1:1

太初有道, 道與上帝同在, 道卽上帝

『舊新約聖書』(1933)[17] 요 1:1

元始有道, 道與上帝共在, 道卽上帝,

『聖經 中文新譯』 요 1:1

太初有道 , 道與 神同在 , 道就是 神[18]

---

14) 耶蘇降世一千八百九十伍年/ 聖書公會託印/ 光緒二十一年歲次乙未/ 滬北鳴雲記書館擺板

15) 救主一千八百九十六年/ 大米國聖經會印發/ 光緒二十二年歲次丙申/ 福州美華書局活版// Classical New Testament, Bridgman and Culbertson's Version, American Bible Society (1896)

16) 칙(則)을 썼다. 즉(卽)과 칙(則)이 같은 뜻인 것 같다.

17) 救主耶蘇降世一千九百十二年/ 上海大美國聖經會.「사주교역(施主敎譯)」라고도 불린다. 번역 초판은 1902. 표지에는 다음과 같은 정보가 있다. 淺文理 上帝/新約聖經 串珠/上海 美國聖經會印發// Easy Wenli Reference New Testament, Bishop Schereschewsky's Version/ Term Shangti/ American Bible Society, Shanghai, (1925)

18) Wenli Bible, Delegates' Version 文理 代表者譯本

『聖經 化合本』요 1:1

太初有道、道與　神同在、道就是　神。

『聖經 現代中文譯本』(1966)[18] 요 1:1

宇宙被造以前, 道己經存在; 道與上帝同在, 與上帝相同.

『思高譯本』(1968)[19] 요 1:1

在起初己有聖言, 聖言與天主同在, 聖言就是天主

『呂振中譯本』(1970)[20] 요 1:1

起初有道, 道與上帝同在, 道是上帝之眞體

한국어

『예수셩교 요안ᄂᆡ복음젼셔』(1882)[21] 요 1:1

---

19)「聖經 現代中文譯本」(聯合聖經公會, 1966) Today's Chinese Version (Revised) ⓒUnited Bible Societies, 1995

20)「思高譯本」(1968), 思高聖經學會 Studium Biblicum Version(Catholic) ⓒStudium Biblicum O. F. M. 1968

21)「呂振中譯本」(香港聖經公會, 1970) Lu Chen-Chung Version ⓒHong Kong Bible Society, 1970

22)「예수셩교요안ᄂᆡ복음젼셔」(광셰팔년, 심양 문광셔원, 1882년 초판) 띄어쓰기가 되어 있지는 않으나 "하느님" 앞에 빈 칸을 둔 것은 "하느님"에 대한 존경을 나타내는 대두법(擡頭法)이다. "하느님"이 1883년 재판(개정판)에서는 "하나님"으로 바뀐다.

처음에도가이스되도가 하느님과함게ㅎㆍ니도는곳 하느님이라

『예수셩교셩셔 요안ㄴㆍ|복음』(1883)[22] 요 1:1

처음에도가이스되도가- 하나님과함긔하니도난곳 하나님이라

『예수셩교젼셔』(1887)[23] 요 1:1

처음에도가이ㅅㆍ되도가하나님과함시ㅓㅎㆍ니도ㄴㆍㄴ곳하나님

이라

『요한복음젼』(1891)[24] 요 1:1

元始有道 道與上帝 道卽上帝

처음에도가잇ㅅㆍㄷㆍ|도가하ㄴㆍ님과ㅎㆍㅁㅅㆍ|ㅎㆍ니도ㄴㆍㄴ곳

하ㄴㆍ님이라

23) 「예수셩교셩셔 요안ㄴㆍ|복음」 (광셔구년, 심양 문광셔원, 1883 재판/개정판) 이것을 재판/개정판이라고 하는 것은 번역 내용이 1882년 초판과 같지만, 책 이름 표기와 한글 표기가 바뀌고, 일부 번역 내용이 바뀌었기 때문에 개정판이라는 언급을 한다. 두 번째 나오는 "도가-"에는 주격 조사 "가" 다음에 "-"표시가 있다. 1882년 초판처럼 띄어쓰기가 되어 있지 않다. "하나님" 앞에 빈 칸을 둔 것은 "하나님"에 대한 존경을 나타내는 대두법(擡頭法)이다.

24) 「예수셩교젼셔」 (예수강셰일쳔팔ㅂㆍ|ㄱ팔십칠년, 광셔 십삼년 셩경 문광셔원 활판. 1882) 1883년 판에서 보이던 대두법이 사라진다. ⟨This is the first Korean New Testament translated by a team led by John Ross and and published by Munkwang Publishing House of Shenyang, China, 1887⟩이라는 영문 간기가 있다.

25) 「요한복음젼」, (쥬강ㅅㆍ|ㅇ일쳔팔ㅂㆍ|ㄱ구십일년, 셩상즉조이십팔년신묘, 펜윅(M.C.Fenwick),) 서경조(徐景祚)가 개정한 것

『약한의긔록ㅎ · ㄴ대로복음』(1893)[25] 요 1:1

원ㄹ · ㅣ도가(예수씨라)잇스되도가샹데님과가치계시니도가곳샹데님
이시라

『신약젼셔』(I)(1900)[26] 요 1:1

처음에 도가 잇ㅅ · 니 도가 하ㄴ · 님과 ㄱ · ㅅ치 계시매 도ㄴ · ㄴ
곳 하ㄴ · 님이라

『신약젼셔』(II)(1900)[27] 요 1:1

태초에 말ㅅ · ㅁ이(혹은도라) 잇ㅅ · 니 말ㅅ · ㅁ이 하ㄴ · 님과 ㄱ
· ㅅ치 계시매 말ㅅ · ㅁ은 곳 하ㄴ · 님이시라

『신약젼셔』(III)(1900)[28] 요 1:1

태초에 말ㅅ · ㅁ이(혹은도라) 잇ㅅ · 니 말ㅅ · ㅁ이 텬쥬와 ㄱ · ㅅ

---

26) 「약한의긔록ㅎ · ㄴ대로복음」(1893). 펜윅(M.C.Fenwick)과 서경조(徐景祚)가 1891
년의 「요한복음젼」을 다시 개정한 것. 영문간기에 다음괴 같은 기록이 있다. (The Gospel
according to John translated by M.C.Fenwick, Esq., 1893)

27) 「신약젼셔(I)」 (구셰쥬강ㅅ · ㅣㅇ일쳔구ㅂ · ㅣㄱ년 대한광무ㅅ · 년경ㅈ · 대한황셩미이미
교회인쇄쇼간출, Korean Enmun New Testament, 1900)

28) 「신약젼셔(II)」 (구셰쥬 강ㅅ · ㅣㅇ 일쳔 구ㅂ · ㅣㄱ 년, 대한 광무 ㅅ · 년 경ㅈ · , The New
Testament in Korean, 1900), Printed by the "Yokohama Bunsha"

29) 「신약젼셔(III)」 (구셰쥬 강ㅅ · ㅣㅇ 일쳔 구ㅂ · ㅣㄱ 년, 대한 광무 ㅅ · 년 경ㅈ · , "텬쥬"
판(版) 중국어 셩경에 신판(神版)과 상제판(上帝版)이 있었듯이, 우리에게는 "하ㄴ · 님"판
(版)과 "텬쥬"판(版)이 있었다.

치 계시매 말ᄉᆞᆷ은 곳 텬쥬-시라

『신약젼셔』(1904)[29] 요 1:1

태초에 말ᄉᆞᆷ이 (혹은 도라) 잇ᄉᆞ니 말ᄉᆞᆷ이 하ᄂᆞ님과 ㄱ
ᆞᄉ치 계시매 말ᄉᆞᆷ은 곳 하ᄂᆞ님이시라

『新約全書국한문』(1906)[30] 요 1:1

太初에 道가 (或은 言이라) 有ᄒᆞ니 道가 上帝와 同在ᄒᆞ매 道ㄴ
ᆞㄴ 卽 上帝시라

『개역』(1938/1961) 요 1:1

태초에 말씀이 계시니라 이 말씀이 하나님과 함께 계셨으니 이 말씀
은 곧 하나님이시니라

『개정』(1998) 요 1:1

태초에 말씀이 계시니라 이 말씀이 하나님과 함께 계셨으니 이 말씀
은 곧 하나님이시니라

---

30) 「신약젼셔」(구셰쥬 강ᄉᆞᆯ 이 일쳔 구ᄇᆞ녁 ㅅᆞ년, 대한 광무 팔 년 갑진, THE
NEW TESTAMENT IN KOREAN, 1904), Printed for the Bible Committee of Korea, which
represents The British and Foreign Bible Society, The American Bible Society and The
National Bible Society of Scotland, by The Fukin Printing Company, Yokohama, Japan

31) 유성준 역, 「新約全書국한문」(미국성서공회, 1906)

『공역』(1971/1977) 요 1:1

한 처음, 천지가 창조되기 전부터 말씀이 계셨다. 말씀은 하느님과 함께 계셨고 하느님과 똑같은 분이셨다.

『공역개』(1999) 요 1:1

한처음, 천지가 창조되기 전부터 말씀이 계셨다. 말씀은 하느님과 함께 계셨고 하느님과 똑같은 분이셨다.

『새번역』(1993/2001) 요 1:1

태초에 '말씀'이 계셨다. 그 '말씀'은 하나님과 함께 계셨다. 그 '말씀'은 하나님이셨다.

그리스도, 결국 하나님을 가리키는 '로고스'를 '도'로 번역했던 초창기 역사는 선교신학(宣敎神學)의 입장에서도 굉장히 중요하다. 동양의 도 사상에 익숙해 있던 당시 우리나라 식자층에서 기독교가 쉽게 접목될 수 있었던 여러 요인 중 하나가 바로 '도성인신(道成人身)' 개념이었고, 이것이 한국 선교에 큰 공헌을 했다. 1911년 완역 성경전서가 나올 때까지도 '도'가 본문 안에서 '말씀'과 함께 기록되다가, 1938년 『개역』에서부터 본문 안에는 '말씀'으로 남고, '도'는 난외 각주로 밀려나서 오늘에 이르지만 그 영향력은 지속되고 있다.

그런데 '말씀'이라는 표현마저 우리 민간신앙에서는 그것이 하나님, 곧 신의 어원이었다는 사실은 일반적으로 잘 알려져 있지 않다. 우리말 어원 사전은 '말씀'이 본래 샤머니즘의 언신(言神)이었음을 밝히고 있다.[31] 어쨌든 "처음에 도가(혹은 말씀이) 하나님과 같이 계셨고, 그 도가 바로 하나님이시라"는 선언은 중국뿐 아니라 우리나라에서도 기독교 선교에 결정적인 접촉점이 되었다.

번역이 지닌 숙명

이 글에서는 성경에서 중요한 한 구절, 「요한복음서」 1장 1절에 나오는 '로고스'를 '도'로 옮겼을 때 새로운 의미가 함의될 수 있다는 것을 밝혔다. 또 성경 번역에서 우리나라에 토착된 용어를 활용해 '기독교 선교에 결정적 접촉점'이 되었다는 잠정적 결론을 내려 보았다. 누군가는 물을 수 있다. "성서의 우리말 번역에서 이런 비슷한 예가 앞으로도 가능할까, 가능하다면 바람직할까, 또 앞으로 성경을 우리말로 다시 옮길 때나 혹은 개인적으로 성경을 읽을 때 성경의 뜻을 새롭게 혹은 깊거나 넓게, 색다르게 이해하거나 오해하는 데 어떤 의미가 있을까?"

---

1) 말쏨·ㅁ "존대 말은 샤마니즘 신의 어원이다. [말;言]+[숨;神]"…… (용비어천가, 1447)
http://kin.naver.com/openkr/detail.nhn?docId=85089

본문의 의미 파악이나 본문의 활용을 놓고, 저자와 독자 사이의 독자적 영역을 인정하는 것은 중요하다. 저자 역시 주어진 자료를 선택했고, 같은 시간 같은 장소의 현장 목격자들 사이에서도 동일 자료를 자신들의 삶에 한 번 담갔다가 숙성시켜 제품으로 만들어 내기 마련이다. 저자의 자유만큼이나 독자의 자유도 똑같이 존중받아 마땅하다.

번역자 중에는 원문의 형식을 번역문에서도 그대로 살려보려 하고, 원서에 쓰인 언어와 번역에 쓰이는 언어 사이의 중첩된 부분으로 의미전달을 시도하는 이들이 있지만 독자는 원문을 모른다. 독자는 번역문을 읽으면서 원문을 염두하고 읽지 않을 뿐 아니라 그것까지 알아야 할 필요도 없다.

반면, 원문의 역동적 의미가 지닌 '분위기'에 착안해, 원문의 개념을 대체하는 새 개념을 도입해서 새 토양에 새 씨앗을 심어 새 생명을 거두려는 이들도 있다. 그것이 바람직한지 아닌지 질문할 수 있지만 실제로 번역자가 되어 원문 저자와의 부단한 대화를 하다 보면 이런 질문 자체가 문제되지 않는다. 독자에게 원문을 가르쳐 번역문이 아닌 원문으로 성경을 읽히고 싶은 번역자들도 있을 것이다. 그러나 원어를 배워서 번역문이 아닌 원문으로 본문을 읽는 독자라 하더라도 자시 자신의 일상 언어로 사고하는 것까지 바꾸지 않는다면 그런 독자의 본문 이해 역시 이미 원문에서 이탈해 독자 자신이 속한 다른 토양에 가 있는 것이다. 방관적 입장에서 이런 일이 가능할지에 관해 물을 수는 있다. 그러나 번역문을 읽는 독자는 자신이 의식하든 의식하지 못하든 원문과는 무관하게 번역문만 읽고 있다. 이것이 번역이 지닌 숙명이다. 독자의 과거의 독서가 독자의 지금의 독서를 지배한다.

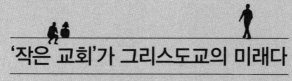

'작은 교회'가 그리스도교의 미래다

한국 개신교의 경험에서 찾은 가능성

김진호

제3시대그리스도교의 연구실장. 민중 신학자이자 개신교 목사이다. 한신대학교 신학대학원을 졸업 후
한백교회 담임목사를 지냈다. 이후 한국신학연구소 연구원, 계간 《당대비평》 편집주간을 거쳤으며, 교
회와 사회에 대한 비판적 시선으로 대안을 모색하고 있다. 지은 책으로 『예수의 독설』, 『급진적 자유주
의자들』, 『시민K, 교회를 나가다』, 『리부팅 바울』 등이 있다.

한국 개신교의 특징

한국 개신교는 세계에서 유례를 찾아볼 수 없을 만큼 초고속
으로 성장했다. 한국 사회의 급속한 성장 과정에 발맞춰 함께 도
약한 한국 개신교는 한국 사회가 급격히 저성장 길로 접어든 시
기에 함께 저성장 혹은 마이너스 성장의 늪에 빠졌다. 또한 그
양상조차 서로 닮았다. 한국 개신교의 성장과 쇠퇴가 한국 사회
의 변화와 긴밀히 얽혀 있는 셈이다.

세계적으로 개신교의 발전과 쇠퇴도 마찬가지이다. 큰 틀에서
개신교는 서양 근대의 종교로 태동했고, 후기근대에 와서 퇴조
하는 양상을 보이고 있다. 다만 한국 개신교는 밀도 있는 발전
과 쇠퇴를 체험했다는 점이 다를 뿐이다. 그런 점에서 한국 개신
교는 일종의 세계 개신교의 역사를 압축적으로 보여 주는 단면

투시도다. 그래서 이 글은 두 가지를 이야기하고자 한다. 하나는 한국 개신교가 한국 사회와 어떻게 서로 얽히며 전개되었는지를 이야기하는 것이고, 다른 하나는 그것을 통해 세계적으로 개신교의 미래를 전망하려는 것이다.

대성장 시대

1960년에서 1990년은 한국 개신교 역사에서 '대성장 시대'였다. 1960년에 한국 개신교 신자 수는 전 인구의 2퍼센트 내외인 62만 명 정도였으나, 1995년에는 19.7퍼센트인 876만 명으로 무려 열네 배 이상 증가했다. 하지만 1990년 이전까지 급격하게 증가하던 신자 수가 1990년대 이후에는 크게 둔화했고, 1996년에서 2005년 사이에는 1.4퍼센트 감소했다. 그리고 이후 각종 통계에 따르면 성장률은 0퍼센트 안팎으로 추산된다.

한국 개신교의 대성장은 어느 사회보다도 뚜렷하게 '대형 교회'(mega-church)의 주도로 이루어졌다. 물론 미국을 포함해 20세기 중반 이후 개신교 교세가 급격하게 확장된 나라들 대부분이 대형 교회가 성장을 주도했다. 하지만 미국과 비교해도, 한국 개신교의 성장에서 대형 교회의 역할은 특히 두드러진다.

미국은 전 인구의 무려 55퍼센트인 약 1억 7000만 명이 개신교 신자로 추정되는데, 그중 주일예배에 참여하는 성인 교인이 2000명 이상인 대형 교회 수는 1200개에서 1500개 정도다. 반면 여의도순복음교회 부설연구소인 교회성장연구소가 조사한 바에 따르면[1] 한국 개신교 신자 비율은 인구대비 18.3퍼센트(2005년 통계 기준 861만 6438명)인데, 그중 대형 교회 수는 거의 1000개에 육박한다.

한편 1만 명 이상의 교회를 초대형 교회(giga-church)라고 부르는데, 지난해 미국 초대형 교회는 70개 정도로 이중 2만 명 이상의 신자가 있는 교회는 7개다. 그런데 교회성장연구소 홍영기 소장이 쓴『한국 초대형 교회와 카리스마 리더십』은 13개 교회를 초대형 교회로 분류했고, 잡지『복음과 상황』의 이승규 기자는 이 책에 기초해 초대형 교회를 14개로 구분했다. 이 가운데 성인 출석교인이 2만 명 이상인 교회는 7개에서 8개나 된다. 요컨대 한국에서의 교회 대형화 현상은 미국보다 더 뚜렷하다.

반면 위의 2008년도 교회성장연구소 조사에서 100명 미만의 신자가 있는 교회는 52.3퍼센트, 연간 재정 규모 5000만 원 이하의 교회가 31.0퍼센트다. 그런데 이는 과소하게 추산한 조사로 보인다. 첫 번째 이유는 설문대상인 11개 교단들은 한국에서 가장 규모가 크고 안정적인 반면, 조사에서 배제된 군소교단들은 상대적으로 미자립교회의 수가 훨씬 많을 것이기 때문이다. 두

---

2) 이 조사 결과는 교회성장연구소 교회경쟁력연구센터가 엮은 『한국교회, 경쟁력보고서』에 수록된 것이다.

번째 이유는 설문에 응답한 864개 교회의 평균치가 설립 연수가 27년, 남성 전임교역자 2명, 여성 전임교역자 2명, 남성 집사 34명, 여성 집사 60명, 남성 장로 5명, 여성 권사 17명, 성인 남성 출석자 74명, 성인 여성 출석자 103명인 것으로 보아, 설문에 응답한 교회들은 응답하지 않은 교회들보나 비교적 안정된 여건일 가능성이 높다.

실제로 한국 개신교 3대 교단의 하나로 비교적 안정된 교회가 많은 감리교단의 경우, '미자립교회대책 및 교회실태조사위원회 규정'에서 연말 경상비 결산액이 2500만 원 미만의 교회를 미자립교회로 규정하는데, 이 기준에 따르면 감리교회 5591개 중 약 40퍼센트에 달하는 2225개가 미자립교회다. 이 결산액 속에는 교회당 임대료, 목회자 임금, 기타 지출이 모두 포함된다. 그러므로 이런 교회들은 목회자의 임금을 국가가 정한 최저생계비 수준보다 훨씬 낮게 책정했을 것이다.

아무튼 상대적으로 부유한 감리교단의 사정이 이렇다면 전체 개신교 교회 가운데 재정 규모가 2500만 원 미만의 미자립교회 비율은 분명 이보다 더 높을 것이고, 아마도 (많은 추정치들이 이야기하는 수치인) 50퍼센트 안팎일 가능성이 높다. 즉 한국 교회의 급격한 성장은 대형 교회가 이끈 현상이며, 그 과정에서 매우 심한 '양극화' 현상이 동반되었다고 할 수 있다.

그렇다면 대성장 시대 한국 교회, 특히 대형 교회는 어떤 특징이 있을까? 교회사학자 박종현 박사는 이에 대해 중요한 지적을 했다. 목회자 파송 제도가 비교적 잘 지켜지고 있던 감리교와 성결교에서조차 카리스마적 지도자가 장기간 한 교회의 목회를 전담하는 관행이 대형 교회에 정착되었고, 이것은 3선 개헌과 유신체제로 이어진 박정희 정권과 매우 유사하다는 것이다.

이는 매우 주목할 만한 사실이다. 한국 사회가 그랬던 것처럼 교회에도 카리스마적인 지도자가 성장만을 위해 가용 자원을 총동원하도록 강요하는 시스템이 작동했기 때문에 빠른 성장이 가능했다는 것이다.[2] 또한 구 기득권 세력을 상당 부분 대체했고 일부 보완한 '신 기득권 체제'가 이 시기에 정착했다는 점도 유사하다. 교회는 이 시기에 서북 지역(평안도, 황해도) 장로교, 혹은 월남한 서북 출신 장로교 중심 체제의 응집력이 느슨해지면서 교파와 출신 지역을 망라한 대형 교회 중심의 체제로 재구축되었다.

이와 같이 대성장 시대 교회와 사회는 강력한 지도자 중심의 권위주의적인 '성공지상주의적 총동원 체계'라는 유사성을 보인

---

3) 공동체의 구성원이 성인 2000명을 넘는 공동체는 통합을 위해 매우 복잡한 조직과 운영 능력이 필요하다. 하지만 대형 교회들은 매우 단순한 조직 시스템을 가지고 있고, 운영도 비교적 간명한 편이다. 이것은 지도자가 권력 자원을 독점하는 독재자형의 카리스마적 리더십을 교회에서 관철시키고 있었기 때문일 것이다. 이는 동시대 한국 사회 일반의 경우도 마찬가지다. 민주화 이후 카리스마적 독재자가 퇴거하자 사회는 빠르게 복잡한 커뮤니케이션 시스템과 공론장을 형성하면서 소통을 활성화시켰으나 아직까지도 심각한 통합의 위기를 겪고 있다.

다. 이 유사성이 그 시대를 운용하는 주된 원리였던 것이다. 그렇기 때문에 교회의 빠른 변모는, 그 시대의 사회가 갖는 문제점 못지않게 심각한 문제점들을 많이 안고 있었는데도, 전체적으로 사회와 불협화음을 이루기보다는 훌륭히 통합되어 있었고, 사회 갈등을 일으키기보다는 사회 통합에 기여했다. 가령 농경 사회에서 도시 사회로의 이행이 급격하게 진행되던 시절, 아무런 보호망 없이 야만적인 도시로 내던져진 이농자들의 대대적인 신자화는 이들이 사회적 불만 세력 내지 전복 세력이 되지 않고 '산업역군'으로 권위주의적 체제 속에 흡수되도록 하는 데 기여했다. 또한 이 과정은 이들이 사회의 일탈자가 되기보다는 성공한 이들을 선망하고 모방하면서 열렬히 자기 자신의 성공을 위해 매진하게 했다. 조용기의 '3박자 구원론(풍요, 건강, 신앙의 동시적 실현으로서의 구원 담론)'은 바로 이러한 사회적 통합 요소로서의 신앙의 단면을 잘 보여 준다. 여기서 부유함은 증오나 질시의 대상이 아니라 도달하려는 목표다. '3박자 구원론'은 그 목표를 신앙의 목표와 동심원 속에 포함시켜 사회통합적 담론을 보여 주었다.

의도한 것은 아니지만 이것은 이 시기 교회가 보여 준 공공성이라고 할 수 있다. 보호망 없이 진행된 맹렬한 산업화 질주 속에 내던져진 도시 주변 계층이 절망에 빠지지 않고 자기 발전을 위해 매진할 수 있도록 북돋았던 역할을 교회가 담당한 것이다. 이렇게 교회와 사회는 서로 연동되어 있었고, 개신교에서 이런 흐름을 주도한 것은 대형 교회와 대형 교회를 선망한 대다수 '짝퉁 대형 교회'[3]들이었다.

이러한 연동성은 사회 통합에는 기여했지만, 교회들은 통합이 내포한 무수한 야만성과 폭력성을 방조했다. 이런 점에서 대형 교회와 '짝퉁 대형 교회'는 야만적인 권위주의적 체제의 공범자였다고 평가할 수 있다.

그렇다고 해서 이 시기 교회가 사회적 공공성에 전혀 기여하지 않은 것은 아니다. 대형 교회가 주도한 성공지상주의와는 다른 흐름이 이 시기 개신교의 공공적 실천을 대표했다. 민주화 운동에 헌신했던 기독교 사회운동 기구들, 대중매체, 연구기관, 도시와 농촌의 중소형 교회들은 그 수에 있어서는 소수 그룹에 속했지만, 파급력은 한국 개신교, 더 나아가 시민사회 전체를 대표할 만큼 뚜렷한 궤적을 남겼다. 이들은 성공지상주의에 편승하지 않았고, 오히려 그것이 낳은 사회적 부조리, 인권 침해 등을 고발하는 데 힘을 기울였다.

---

4) 대형 교회를 갈망한 중소형 교회들은 비록 크기는 대형 교회에 미치지 못하지만 대형 교회가 되기를 열망하면서 대형 교회적 프로그램을 모방하는 데 열을 올리는 교회라는 점에서 '짝퉁 대형 교회'라고 불렀다. 반면 이와는 달리 성장에 목표를 두지 않는 새로운 교회 모델을 찾기 위해 다양한 실험을 하는 교회들이 적지 않은데, 특히 규모가 작은 교회들은 훨씬 적극적으로 새로운 실험을 시도하기에 용이한 제도적 형태가 될 수 있다는 점에서 나는 대형 교회의 이념형적 대립점에 위치시킬 수 있는 교회를 '작은 교회'라고 부른다.

탈성장주의 시대의 신학과 신앙

1997년 외환위기 이후 한국 사회는 저성장 시대로 접어들었고, 2008년 즈음 마이너스 성장 시대가 도래했다는 불길한 추정이 나돌았다. 이에 대한 대책으로 신성장동력(new growth engine)을 찾아야 한다는 주장이 지배적이지만, 성장지상주의를 지양하고 새로운 경제 패러다임이 필요하다는 주장도 폭넓게 제기되었다. 이런 점에서 최근 독일과 일본 등에서 활발하게 논의되고 있는 '탈성장주의' 담론은 하나의 가능성에 대한 상상이다. '탈성장주의' 담론은 자본주의가 구축해 온 성장주의가 지나친 자원 낭비와 생태계 파괴를 부추기면서 세계를 위기에 몰아넣었다는 문제의식을 갖고 있다. 특히 신자유주의적 자본 우위의 시스템이 세계를 압도면서, 생태계 파괴가 더욱 극심해져 기후재앙 위기설 등이 나돌고 있고, 민주주의 질서를 뒤흔들어 중산층을 파괴하고 노동계층의 빈곤화를 심화시키며, 생존권을 위협받는 유민 및 난민 현상을 부추겼다. 이에 탈성장주의는 자연 친화적이고 인간 친화적인 의료, 복지, 교육, 신에너지 등을 더욱 활성화하자는 철학적, 제도적 문제제기와 대안적 상상력을 담고 있다.

이런 사회 흐름과 맞물려 한국교회도 1990년대를 기점으로 저성장 시대에 돌입했고, 1995년 이후에는 마이너스 성장에 직면했다. 앞서 말했듯이 과거 대성장 시대에 교회에 대한 사회적 이미지는 그리 나쁘지 않았다. 특히 청년층에서는 선호도가 가장 높은 종교로 개신교가 꼽혔었다. 당시에도 개신교는 일방주의와 배타주의적 성향이 강한 '무례한 종교'였지만, 나쁘지 않은 이미지 덕에 사회적 저항은 그리 크지 않았다. 오히려 대 성장 시대 개신교의 성장주의 담론이 이농자 등 사회 주변 계층을 대대적으로 포용했고 능동적인 사회적 생산자 층으로 재무장화한 덕분에 사회의 긍정적 시선이 많았다.

민주화 이후 사회에서는 권위주의 청산이 시대의 가장 중요한 의제로 부상했지만, 교회 내부에서는 여전히 권위주의가 흔들리지 않고 있다. 또한 심한 종미(從美)적 태도, 특히 미국이 이라크, 아프간 등에서 일으킨 전쟁까지도 지지하는 친미 호전적 태도는 개신교가 미국 패권주의의 앞잡이라는 인상을 뚜렷하게 새기는 계기가 되었다. 여기에 대중문화에 대한 보수적이고 폐쇄적인 태도로 교회는 문화적으로 뒤떨어진 낡은 공간으로 지목되었다. 이렇게 교회에 대한 이미지는 부정적으로 바뀌고 말았다. 사람들이 교회가 사회의 공공성 확대를 위해 기여할 것이 별로 없다는 생각을 갖게 된 것이다. 그것은 사회의 변화를 따라가지 못하는 교회의 모습, 즉 교회와 사회의 연동성 와해와 깊은 관련이 있다.

그렇다면 이런 위기에 처한 교회는 무엇을 하고 있는가? 대성장 시대에 조율된 신학교육 체계와 교회운영 체계는 거의 달라지지 않았고, 오히려 미국식 성장주의에서 온 새로운 기법들이 신학교와 교회를 휘젓고 있다. 신학교는 변화된 사회와 사람들에 대해 생각하는 학제적 기획 없이 신학생을 가르치고 있고, 교단본부는 교회의 사회지리학적 변화를 고려하지 않은 채 목회자 제도를 운영하고 있다. 또한 대형 교회를 제외한 거의 모든 교회에서 성장을 위한 새로운 시도들이 제 힘을 발휘하지 못했다. 즉 성장주의적 제도는 계속되고 있지만 성장은 멈추거나 퇴보하고 있는 것이다.

그러므로 탈성장주의 담론은 탈성장 시대에 직면한 오늘의 사회학적, 정치경제학적 담론일 뿐 아니라, 신학적이고 교회론적인 담론으로 삼아야 한다. 이것이 개신교의 미래를 말하기 위해서 가장 필요한 신학적 문제 제기다. 그리고 앞서 언급한 것처럼 한국교회의 현재를 이야기하면서 탈성장주의 신학의 가능성, 그러한 기독교의 미래를 상상하고자 한다.

우리가 말하는 탈성장주의는 두 가지 층위를 모두 포함하는 용어다. 첫째는 외적(사회적) 변화의 층위고, 둘째는 내적 요청의 층위다. 전자는 성장지상주의 청산을 위한 탈성장주의 기획은 교회뿐 아니라 전 지구적인 시대의 요청이라는 주장이다. 후자는 한국 교회의 성장지상주의가 너무 지나친 나머지 어떠한 대안적 기획도 불가능할 정도라는 점에서, 대형 교회 중심적인 내적 제도의 청산이 필요하다는 주장이다.

그렇다면 탈성장주의적 신학과 신앙의 기조는 무엇인가? 성장지상주의는 교회의 팽창을 핵심으로 하는 신학적이고 신앙적인 기획이다. 그런데 팽창은 양적 비교를 통해 평가되기 때문에 더 큰 성장에 더 큰 가치를 부여한다. 역사적으로 한국을 포함한 많은 사회에서 이러한 프로그램은 대형 교회와 대형 교회적 가치를 탄생시켰다.

여기서 우리는 대형 교회가 교회들 사이에서 성공한 교회라는 의미에 한정되지 않는다는 사실을 유념해야 한다. 앞서 말했듯이 대형 교회는 2000명 이상의 성인이 최소한 한 주에 한 번 이상 모이는 사회적 결속체다. 그만큼 풍부한 인적, 물적 자원을 갖춘 결속체를 시민사회 속에서 찾기란 쉽지 않다. 게다가 교회는 조직에 대한 충성도가 대단히 높다. 그러므로 대형 교회는 시민사회에서 가장 성공한 사회적 결속체다. 이는 시민사회에서 자신의 집단 의지를 실현시킬 수 있는 능력이 그만큼 강하다는 것을 뜻하며, 따라서 대형 교회는 강력한 사회적 권력 집단이라는 의미를 내포한다. 결국 대형 교회의 성공주의는 신앙적인 것에 한정되지 않고 세속적인 성공주의에 관한 함의를 포함한다.

이렇게 신앙적이고 세속적인 성공주의가 그것을 실현할 수 있는 능력과 결합할 때 성장지상주의는 주변으로부터 종종 폭력적인 것으로 받아들여진다. 더욱이 대형 교회가 계층적 성향을 보

일 때, 성장지상주의적 신앙 행위는 계급적 배타주의를 공격적
으로 표출하는 것으로 받아들여질 수 있다. 오늘날 한국 교회는
이런 점이 더 강하게 드러나고 있다고 시민사회로부터 평가받는
다. 이런 이유로 사람들은 지금의 성공지상주의적 교회를 공공
성을 훼손하는 사회적 결속체로 이해한다.

이러한 점에서 성공지상주의를 청산하고 탈성장주의적 신학
과 신앙을 추구하는 일은 교회가 사회적 공공성에 더 많이 기여
하기 위해 스스로 개혁하는 것을 뜻한다. 신앙이란 하느님을 사
랑하고 이웃을 사랑하는 것이라고 성서는 말했다. 요컨대 신앙
은 (교회의 팽창이 아닌) 이웃의 공공성을 확대하려는 실천을 필
요조건으로 한다. 그렇다면 오늘 우리에게 탈성장주의적 신학과
신학이 추구하는 이웃의 공공성 확대 실천이란 무엇일까?

그리스도교의 미래, '작은 교회'

1990년대, 특히 외환위기의 시대인 '1997년 이후' 우리가 직
면한 가장 심각한 위기는 중산층의 몰락과 사회적 양극화로 대
표되는 심각한 사회 격차 문제다. 물론 이것은 세계적 추세이며,
세계 정치 · 경제 시스템이 낳은 구조화된 위기다. 하지만 한국
사회는 경제협력개발기구(OECD)에 속한 다른 국가들보다 오
히려 더 심각한 위기를 겪고 있고, 정부는 그러한 격차를 억제하

기보다 조장하고 있다. 정부 기관이나 관료들의 도덕적 해이 탓도 있지만, 무엇보다도 수출주도형 성장지상주의를 강도 높게 추진해야 한다는 정부 내 경제엘리트들의 변함없는 생각이 격차를 더욱 조장해 왔다.

구조화된 위기와 이를 더욱 심화시켜 온 국가의 태도는 성장지상주의에 대한 거대한 사회적 반작용을 낳았고, 이는 최근 복지담론의 고조로 드러났다. 시민사회는 복지에 대해 강력히 요구하기 시작했고, 각 정치 세력들은 앞 다투어 복지 의제를 내세우면서 시민의 지지를 얻기 위해 치열하게 경쟁했다. 복지가 지금 우리 사회의 가장 중요한 공공성 의제가 된 것이다.

이러한 정치권의 복지사회에 대한 의제 경쟁은 복지의 제도화를 실행하는 가장 강력한 요소임에 분명하다. 하지만 정치권의 절대다수가 우파적 편향을 지니고 있는 상황은 복지 의제를 얼마나 지속적으로 추진할 것인지, 어느 수준의 복지를 추진할 것인지에 대한 진보적 시민사회 진영의 의심을 깊게 만들고 있다.

바로 이 점에서 복지동맹(welfare coalition)의 요구가 여전히 유효하다. 하지만 북유럽을 모델로 발전한 복지동맹론은 강건 좌파정당과 노동조합의 존재를 전제로 하는데, 우리에게 이 모델은 현실적이지 않다. 복지동맹을 구축할 만한 좌파정당도, 노동조합도 부재하기 때문이다. 대신 무상급식을 의제로 시민사회가 뭉친 것처럼, 의제연합 형식의 사회적 동맹론이 제기되었고, 이를 위해 시민사회 단체의 역할이 크다고 할 수 있다.

이러한 사회적 동맹은 선거 때에 거대한 연대를 형성함으로써 복지의제를 정치화하는 힘을 갖출 수 있다. 하지만 일상에서 복지동맹은 실체가 없다. 그저 복지 공론장에서 형성되는 담론을 함께 지지하는 연대를 형성하고, 간혹 미시적 혹은 중범위적 의제연합 형식으로 실체화된다.

이런 점에서 '작은 교회'를 주목할 필요가 있다. 앞에서 이야기한 '짝퉁 대형 교회'는 대형 교회적 가치에 신앙적 영성이 회수된 중소형 교회로 보았는데, 여기서 말하는 '작은 교회'는 대형 교회적 가치를 추구하지 않는 소형 교회를 가리킨다. 달리 이야기하면 성공지상주의적 프로그램을 청산하려는 소형 교회라고 할 수 있다.

'작은 교회'는 규모가 작고 자원이 부족하기 때문에 대형 교회에는 없는 여러 가능성이 있다. 결론을 먼저 이야기하면 작은 교회는 '더 소통'하고 '덜 배타'한다.

왜냐하면 작은 교회는 자기 소유의 공간을 가질 수도 없고 그런 필요성도 덜 느끼기 때문이다. 그렇기 때문에 전형적인 교회 공간을 꾸밀 여유도 필요도 없다. 전형적인 교회의 공간 구조는 과거 강력하고 배타적인 정치, 종교 권력을 가진 교회들이 모델이었다. 이런 공간 구조는 권력 지향적 속성을 예배에 참여하는 이들의 생각 속에 심어 놓는다. 개신교인들이 상하의 위계질서에 더 순응적이고, 안과 밖의 경계가 뚜렷한 배타적 태도를 갖는 것은 이런 공간 구조의 영향력과 관련이 있다.

　작은 교회는 대개 지속적인 사용이 불투명한 임대 공간을 예배만을 위한 곳으로 리모델링할 자산이 부족하기 때문에 공간을 다양하게 활용할 수 있도록 가꾼다. 그러다 보니 많은 작은 교회는 대부분 교회당의 전형적 공간 개혁에 참여하게 된다. 예를 들어 임대 공간의 높이가 낮기도 하고 크기도 작아서 교회 앞쪽에 단을 설치하지 못하니 목사의 공간과 평신도의 공간이 둘로 나뉘는 교회 공간의 배타성과 계층성이 약해진다. 심지어 다양한 공간 활용을 위해 교회 특유의 '장의자' 대신 1인용 의자를 놓는데, 이 경우 의자 방향만 돌리면 교회당의 앞과 뒤가 바뀌고, 혹은 둥그렇게 둘러앉게 되면 앞뒤 자체가 해체되는 혁신적 공간 변화를 연출할 수 있다. 게다가 크기가 작다 보니 값비싼 오디오 설치에 비용을 들일 필요가 없어 설교는 육성으로 신자들에게 전달되는데, 그러면 마이크와 스피커가 일으키는 소리의 타자화 효과가 없어진다. 이는 목사의 초월적 권위를 강화하는 카리스마 리더십이 작은 교회에서는 효과적이지 않으며, 그보다는 수평적 친밀성이 더 효과적인 목회자 자질로 작용함을 의미한다. 작은 교회가 '성장' 대신에 '작다는 것' 자체를 의미 있는 신앙으로 받아들이자, 목회자와 신자가 의도했든 아니든, 점점 더 소통하기 쉽고 더 민주적인 신앙을 발전시킬 수 있는 기회가 되고 있는 것이다. 실제로 많은 작은 교회가 성장을 포기하고 작음 자체를 향유하기로 한 이후, 소속 교단이 신학적으로 진보적인지 보수적인지 그 성향과 무관하게 점점 탈권위주의적이고 민주적인 신앙공동체로 탈바꿈했다.

한편 작은 교회는 자원이 빈약한 탓에 홀로 할 수 있는 일이 많지 않다. 그래서 이웃과의 연대에 더 절실하다. 게다가 교회의 헌금 규모가 작기 때문에 생존을 위해서 수익성 있는 다른 활동을 하지 않을 수 없다. 이때 많은 작은 교회가 국가 복지의 민간 위탁 기관이 되곤 한다. 그럴 경우 활동가의 생계비와 공간 운영비의 일부를 국가로부터 보조받을 수 있기 때문이다. 흥미로운 것은 교회가 복지기관의 역할을 하면서, 목회자와 교인들의 생각이 이웃과 공존하고 섬김의 신앙을 강화하는 쪽으로 변한다는 점이다.

또한 최근에는 공공성을 강조하는 또 다른 사회적 결속체의 양식인 사회적 기업이나 협동조합을 교회의 주요 활동으로 선택하는 작은 교회도 늘어났다. 그런데 사회적 기업이나 사회협동조합 모델은 공공성을 중요한 존립의 속성으로 삼는다. 게다가 최근에는 지역 사회 혹은 이웃과의 수평적 네트워크를 중요시하는 방향으로 발전하고 있다. 그러므로 교회가 사회적 기업이나 사회 협동조합과 긴밀히 결합하면, 교회의 신앙에서 사회적 공공성의 요소가 확장되고 이웃과의 수평적 소통성이 점점 강화되는 효과를 볼 수 있다. 실제로 이런 작은 교회 다수가 소속 교단의 신학적 성향과는 무관하게 더 적극적으로 사회에 참여해 공공성 의식과 정의관이 높아지는 경향을 띠었다. 더불어 타 종교, 무종교적 기관 및 개인들과도 격의 없이 대화하고 함께 행동할 수 있게 되었다.

이렇듯 소통적이며 개방적인 종교성을 형성하는 데 친화적인 '작은 교회'는 사회 복지와 관련해서 대형 교회나 '짝퉁 대형 교회'보다 훨씬 더 중요한 의미가 있다. 성장을 위한 신앙심을 중요하게 여기지 않는 '작은 교회'와 그 신자들은 복지 공론장의 일원이 되기에 훨씬 유리하며 미시적이든 거시적이든 복지 동맹의 일원으로 활동하기에 더 유리하기 때문이다.

실제로 수많은 '작은 교회'가 종교 기관인 동시에 공적부조나 사회복지 서비스를 위한 국가 복지의 민간 위탁 기관이거나 혹은 민간 사회사업 기관을 겸한다. 한국 사회에서 교회만큼 사회복지에 적극적으로 참여하고 있는 종교나 사회 단체는 없다. 또 교회만큼 사회 정의를 위한 활동에 적극적으로 활동하는 종교나 사회 단체도 없다. 특히 '작은 교회'는 성장주의 프로그램을 포기하는 대신 더 적극적으로 이런 활동에 참여하고 있다. 또 앞서 말했듯이, '작은 교회'가 다른 교회들보다 덜 배타적이고 더 소통적이기 때문에 단순한 복지기관의 수준을 넘어, 복지 제도를 확대하기 위한 사회적 동맹의 일원으로서 안성맞춤이다.

물론 문제가 없는 것은 아니다. '작은 교회'는 재정의 어려움과 기관 운영의 낙후성 때문에 금전으로 인한 교인 간 혹은 이웃 간 분쟁에 시달릴 가능성이 높다. 또한 '작은 교회'들이 스스로를 주체화하는 신학적 담론을 갖고 있지 못한 경우가 많기 때문에 (성장지상주의적 신학이 아닌) 사회 공공성을 위한 신학적 재무장이 부족하다. 즉 활동은 과잉인데 의식은 결핍인 상태가 '작은 교회'의 공공신학적 현실이다. 게다가 교단들은 제도적으로 대형 교회를 중심으로 움직이기 때문에 적극적이든 소극적이든 교단 활동에 참여하지 않을 수 없는 '작은 교회'의 목회자들과 일부 교인들의 주체화는 더욱 방해를 받는다.

이런 난관을 헤쳐 나가기 위해 교단들을 가로지르는 '작은 교회 연합'이 필요하다. 이때 권위주의적 모델은 지양하는 '조합' 형식의 조직을 고려해야 한다. 또한 신학적, 신앙적으로 작은 교회의 공공신학의 형성을 위한 활동이 중요하다. 이를 위해서는 신학연구자, 목회자들, 교인들이 함께 하는 다각도의 소통 공간이 필요하다. 이런 노력들을 통해 작은 교회는 우리 사회의 공공성에 기여하는 개신교적 주체로 자리할 수 있을 것이며, 나아가 개신교 신앙의 위기에 대한 탈성장주의적 대안이 될 수 있을 것이다.

작은 교회가 열쇠다

나는 그리스도교의 미래를 이야기하기 위해 전통적인 교리나 신학을 꺼내지 않았다. 말만으로 가능성을 언급하기에는 그리스도교, 특히 개신교의 현실은 너무나 부정적인 모습이기 때문이다. 개신교 신학자인 나조차도 개신교의 자기 수사에 대해 신뢰하지 않는 마당에 다른 이들에게 말로 미래의 가능성을 설득할 자신이 없다.

나는 세계 그리스도교의 부정적 실태를 가장 적나라하게 드러내고 있는 한국 개신교를 이야기함으로써 그리스도교의 미래를 말하고자 했다. 얘기했듯이, 한국 개신교는 세계 그리스도교의 전개, 특히 부정적 과정을 가장 압축적으로 보여 주는 역사를 갖고 있다. 세계적으로 그리스도교, 특히 개신교는 근대성의 전개와 밀접한 관계를 맺으며 전개되었다. 문제는 그 관계가 근대를 성찰하게 하는 전개가 아닐 뿐 아니라 심지어는 퇴행적인 양상을 띠었다는 것이다. 적나라하게 말하면 사회와 교회가 코딩(coding)된 근대는 미숙한 근대 심지어는 '추한 근대'에 가깝다. 그런데 한국 개신교는 이러한 근대의 전개를 더 적나라하고 더 압축적으로 보여 준다. 따라서 이렇게 한국 개신교를 바라보는 것으로 세계 그리스도교의 지나온 과정을 비판적으로 점검할 수 있는 기회로 삼을 수 있다.

하지만 동시에 나는 한국 개신교의 대성장과 그 위기에 관한 논의가 대형 교회 중심으로 역사를 조망한 결과라고 생각한다. 대형 교회와 짝퉁 대형 교회가 구현했던 대형 교회적 가치는 지금 한국 개신교가 직면한 위기의 근원적 배후다. 그런 성장주의적 신앙 질서의 '외부'가 한국 개신교에도 실재했고 존재감을 점점 드러내고 있다. '작은 교회'는 이러한 '질서 외부'의 대표적 주역의 하나다. '작은 교회'는 많은 가능성을 갖고 있으며 그 가능성을 점점 더 효과적으로 드러내고 있다. 요약하면 '덜 배타적이고 더 소통적'인 신앙과 실천이다.

특히 신자유주의적 질서가 세계를 양극화하고 고통을 심화시키는 상황에서 작은 교회의 반성장주의적이고 탈성장주의적 가치와 실천은 의미가 크다. 무엇보다도 복지 동맹이 절실한 오늘의 세계에서 작은 교회는 종교 단체가 복지 동맹의 주요한 일원으로 자리 잡을 수 있다는 기대를 갖게 한다. 이런 점에서 작은 교회는 종교를 넘어 더 나은 세계를 위한 여러 활동을 함께할 개신교적 주체다. 그러므로 '작은 교회'가 그리스도교의 미래다.

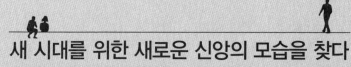

새 시대를 위한 새로운 신앙의 모습을 찾다

정의롭고 평화로운 삶으로 부르는 하나님

박충구

감리교신학대학교 기독교 윤리학 교수이자 '아시아 인권과 평화연구소'의 소장을 맡고 있다. 감리교신
학대학교 및 대학원을 졸업하고, 독일 본대학교와 미국 드류 대학교에서 철학 박사학위를 받았다. 지
은 책으로 『기독교 윤리사』, 『한국 사회와 기독교 윤리』, 『21세기 문명과 기독교 윤리』, 『생명복제 생명
윤리』 등이 있다.

한국 그리스도교의 특수성

카톨릭 신부 토마스 키팅(Thomas Keating)은 1997년 하버드 대학교에서 강연한 내용 두 편을 담은 『인간의 조건(The Human Condition)』에서 하나님을 찾는 영성의 길은 곧 자기 자신을 발견하는 것과 같다고 했다.[1] 사실 영적 순례의 길은 특별한 것도 아니고 무슨 업적도 아니며 더구나 성공 사례를 주장할 만한 것도 아니다. 인간으로서 하나님을 찾고 자신을 찾는 매우 당연한 길이기 때문이다. 그는 영성의 길이란 끊임없이 자신을 낮추는 길이라고 했다.

하나님에 대한 이해가 곧 자신에 대한 이해와 동일한 것이라

---

1) 토마스 키팅, 『The Human Condition: Contemplation and Transformation』(New York: Paulist Press, 1999) 8.

는 키팅의 관점에서 본다면, 한국 그리스도인들의 하나님 신앙을 일괄해 언급하는 것은 매우 어렵다. 한국 교회 안에서 형성되어 온 신앙의 형태는 매우 다양하기 때문이다. 이름 모를 들풀처럼 아무도 알아주지 않는 자리에서 하나님에 대한 신앙을 겸허히 품고 이웃과 평화를 나누며 살아가는 이들이 있는 반면, 마치 자신이 한국 그리스도교를 대표하는 지위와 자격을 가진 양 수시로 매스컴의 주목받기를 즐겨하는 이들도 있다. 이와는 달리 오늘 우리 사회에서 그리스도교를 바라보는 사람들의 시선은 곱지 않다. 이는 개신교가 성장하고 확대되는 과정에서 일어나는 문화적 마찰이나 갈등이라기보다 개신교 집단이 지닌 사회윤리 의식의 저급함 때문이다. 종교인들이 보다 나은 사회를 위해 사회참여 의식을 갖는 일은 매우 중요하다. 그러나 보다 보편적인 선(善)을 이루기 위해 사회의 불의나 부정부패 혹은 그릇된 제도의 개선을 위해 노력하지 않고 종교 집단의 이기적인 요구를 관철시키기 위해 다른 이들의 권리나 사상의 자유를 억압하는 것은 민주사회에 대한 기본 상식을 깨는 일이다.

이러한 현상의 근본 원인은 그리스도교 자체에 있기보다 그리스도교 안에 있는 특수한 신앙 형태에서 나온다. 따라서 이 글에서는 기독교 안에 있는 신앙인들의 다양성을 구별하기 위해 세 가지 유형으로 나누어 볼 것이다. 첫째는 제도적 종교에서 궁극적인 진리를 찾을 수 있다고 생각하는 제도적 그리스도인이고,

둘째는 합리적이며 이성적이어서 비판적인 입장이 강한 진보적 그리스도인, 셋째는 인간의 보편적 가치를 중시하는 양심적 그리스도인이다.[2]

제도적 그리스도인의 특성

제도적 그리스도인이란 제도적 종교에 몸담은 성직자의 교리적 가르침에서 하나님을 만나고 자신을 찾는 이들이다. 따라서 이들은 전문 성직자와 제도적 교회를 매우 강하게 신뢰한다. 제도적 그리스도인이 인식해야 하는 그리스도교 교리의 핵심은 인간이 죄인이라는 점, 스스로 구원의 길을 찾을 수 없다는 점, 그리스도에게서 오는 구속의 은총을 받아야 한다는 점, 그리고 구원을 받은 이들은 하나님 자녀의 특권을 가지게 된다는 것이다. 이렇게 하나님의 자녀가 된 이들은 왕 중의 왕인 하나님을 아버지라 부르는 영적 귀족의식을 가지고 살아가면서 교회의 한 구성원이 되어 구원의 복음을 온 세계에 전하는 사역에 참여하는 헌신과 소명을 요구받는다. 하지만 이런 신앙인들의 헌신과 봉사와 충성의 직접적인 대상은 사실상 제도적 교회다. 제도적 그

2) 제도적, 진보적, 양심적 그리스도인에 대한 개념은 본디 유태 해방신학자 마크 엘리스 (Marc H. Ellis)가 이스라엘과 팔레스타인 문제를 바라보는 유태인들을 세 부류로 나누어 바라본 그의 시각을 차용해 발전시킨 개념이다. Marc H. Ellis, 『Unholy Alliance: Religion and Atrocity in Our Time』 (Mineapolis: Fortress Press, 1997)

리스도인에게 있어서 신앙 생활이 교회 생활과 동일시되는 것은 이런 이유 때문이다.

그런데 최근 한국 개신교에 지형 변동이 일어나고 있다. 지난 20여 년 동안 중·소형 교회의 신자들이 대형 교회로 이동하는 현상이 두드러지게 나타나고 있기 때문이다. 그 결과 수천에서 수만 명이 모이는 대형 교회가 우후죽순으로 생겨났다. 반면 소형 교회들은 성장하지 못한 채 기형적으로 존립하는 경우가 많아졌다. 이런 현상의 배후에는 여러 가지 요인이 있겠지만 대형화된 교회가 제공하는 화려한 프로그램과 거대한 집단의 일원이 됨으로써 갖는 안도감과 같이 사회심리적인 영향도 적지 않다. 그러다 보니 일부 신앙인들은 참된 영성적 삶과는 아무런 상관이 없는데도 대형 교회에 속한 신자라는 사실만으로도 자신을 은근히 과시하기도 한다.

제도적 교회의 신앙인들은 성직자나 그리스도인들이 영성적 삶을 살아가는 데 있어서 내적인 평화, 진실함, 성실성, 언행일치와 같은 윤리적 가치보다 제도적 교회의 교리와 교권을 지키는 것에서 더 큰 신앙의 의미를 찾는다. 간혹 이들은 "정직하지 않은 성직자에게도 영적 리더십이 있을 수 있다."라는 모순적 명제를 갈등 없이 받아들이는 것처럼 보이기도 한다. 행위가 아니라 믿음으로 구원을 받는 것이기 때문에 행위의 고결함과 덕스러움의 가치를 다소 가볍게 여기는 경향이 있기 때문이다.

신학적으로 본다면 제도적 그리스도교 안에서는 이미 무수한 세속적 타협이 일어나고 있기 때문에 새삼스레 완전하게 도덕적이거나 영적인 판단을 요구하는 것 자체가 비신앙적 행위로 간주되거나 심지어 자기 의를 자랑하는 이단적인 것이라고 주장하는 경우도 있다. 더구나 윤리나 도덕적인 문제를 지적하며 교회의 권위나 성직자의 권위를 비판할 경우 이를 의로운 행위로 믿음을 대치하는 사탄의 유혹에 빠진 것이라고 호도하는 경우도 있다. 교회의 중추적인 지위에 있는 성직자의 권위를 윤리적인 이유로 흔드는 행위는 하나님이 기뻐하지 않는 일이라고 생각하기 때문이다.

여기서 나타나는 하나의 특성은 제도적 그리스도인 대부분이 죄인들이 모여 있는 교회에서 행위를 통한 의로움이 아니라 신앙에 의해 의로워진다는 교리에서 안위와 안도를 느낀다는 점이다. 행위와 인격의 변화보다 더 중요한 것이 교리적 신앙이라고 생각하기 때문에 제도적 그리스도인들은 다분히 도덕 폐기론[3]적이다. 즉 자신이나 다른 이들에게 있어서 비도덕적이거나 죄스러운 행위에 대해서 비교적 관대한 태도를 가지는 것이다.

이들은 인간은 보편적으로 죄인이며 그 죄의 극복은 자신들의 의로운 행실이 아니라 그리스도의 대속을 통해 이루어졌다고 믿

---

3) 도덕 폐기론(antinomianism) 혹은 도덕 무용론이란 기독교 신학에서 신앙인의 교리가 지나치게 강조되는 경우 도덕적인 행위의 가치가 무시되거나 경시되는 성향을 지시하는 용어다.

는 데 신앙의 초점을 둔다. 이런 점에서 제도적 그리스도인들은 사회 정의를 추구하기 위해 불의에 항거하거나, 제도적 선을 추구하며 보다 선하고 인간다운 세상을 이루기 위한 변혁과 변화의 도구가 되기를 원하지 않는다. 왜냐하면 하나님의 통치 아래 현존 질서가 세워지고 있다고 믿기 때문에 기존의 질서와 대립하길 원치 않기 때문이다. 이들 교회에서는 그리스도인 개인이 현존하는 사회, 정치, 문화, 그리고 경제적 구조 안에서 어떻게 참된 영성을 실천하며 살아가야 할지에 대해서는 대체적으로 관심이 없고 침묵한다.

그 대신 제도적 그리스도인들의 신앙은 복음에 의한 구원을 강조하고, 구원받은 성도들이 누려야 할 물질적 축복을 강조하며, 구원과 축복의 보루인 하나님 신앙은 그리스도교 유일의 절대적인 것이라고 믿는다. 그러므로 이들은 인간에게 있어서 가장 시급한 영적 과제는 교리적 신앙을 가진 교회의 일원이 되는 것이라 여겨 필사적으로 영혼을 구원하려는 전도사역에 모든 역량을 기울인다. 전도는 그리스도를 구세주로 받아들이는 신앙을 고취하는 사역이기도 하지만 실질적으로는 전도를 통해 신자 수가 늘어나 제도적 교회의 위세를 강화하는 길이기도 하다.

이렇듯 제도적 그리스도인들은 자신들의 영성적 삶을 교회의 성취에서 찾으려고 하며, 그러한 성취가 일어날 때 하나님의 역사로 인정하고 하나님을 찬양한다. 교회의 성장이 정체되어 이런 변화를 체험하기 어려울 경우 이들은 영성적 침체를 극복하기 위해 활기 넘치는 대형 교회로 이동한다. 다수의 집단이 모여 찬양과 경배가 이루어지는 곳에서는 변화와 성취, 업적을 가시적으로 체험할 수 있기 때문이다.

이들은 자신들의 교회가 이루어 낸 업적에 대해 스스로 감동할 만큼 감정적이다. 따라서 제도적 교회의 지도자들은 교세의 확장을 위해 모든 수단을 동원한다. 긍정적인 사고, 성취적 업적, 찬양과 경배, 집단의 시위 같은 집단적 동질성을 경험할 수 있는 기회를 마련하는 것은 대형 교회가 자주 사용하는 전략이기도 하다. 대형 교회의 교인들 중 신앙에 회의를 느끼는 이들일지라도 대규모 집회와 집단 찬양 소리에 감동하며 하나님의 현존을 재확인하기도 한다.

하지만 제도적 그리스도인들의 치명적인 약점은 신앙의 증거를 자기 내면의 세계에서 얻으려 하기보다 집단 속이나 가시적인 외적 조건들 속에서 확증하려 한다는 데 있다. 그리고 하나님 신앙에 대한 이해가 자신이 소속한 교회의 특성에 크게 좌지우지된다는 데 문제가 있다. 하나님에 대한 신앙이 자칫하면 목회자 개인의 성향에 따라 달라질 수 있는 제도적 교회에 대한 헌신과 동일시되고 제한되는 것이다. 이런 점에서 개교회(個敎會)의 지도자가 그릇된 신학에 경도되거나 오류를 범할 경우 제도적 그리스도인들은 이를 하나님 신앙의 속성과 연계해 무비판적으로 받아들일 위험이 높다.

가톨릭교회의 경우 교회의 보편성이 강조되고 성직자들이 주
기마다 이동해 일개 성직자가 자신이 섬기는 교회를 장악하는
일이 일어나기 어렵다. 그러나 개신교의 개교회주의 원칙은 교
회의 보편성을 외면하기 쉽고, 성직자의 전행, 독단, 지배가 가
능하기 때문에 신앙인의 신앙과 삶에 대한 사유와 실천의 지평
이 매우 편협해지기 쉽다. 게다가 성직자의 권위 배후에서 신학
적으로 전능한 하나님의 주권이 강조되기 때문에 신자들이 성직
자를 하나님의 직접적인 대리자처럼 생각하기 쉬워 성직자에 대
한 의존성이 깊어질 수 있다. 이런 점에서 개신교의 제도적 신앙
인들은 그리스도교가 걸어온 지난 역사로부터 얻을 수 있는 민
주적 비판 의식이 결여되기 쉽고, 교회의 집단 이기성에 쉽게 동
참하게 된다. 그 결과 교회 집단의 가시적인 성취에 대해 자기만
족을 얻을 수 있다. 이때 교회의 오류나 성직자의 부도덕한 행위
를 눈감아 주는 것이 신자의 당연한 의무처럼 여겨지기도 한다.

이러한 제도적 신앙인과 교회의 문제들은 사실 로마 가톨릭교
회에 대해 개혁을 요구하던 종교개혁 정신과는 반대되는 것으로
개신교 신학의 모순점이다. 종교개혁자들은 성직자의 신적인 권
위를 부정했고, 제도적 교회가 만들어 내는 교리의 비성서적 요
소들을 비판했다. 그런데도 개혁교회 전통을 가진 한국 개신교
회들이 교권과 교회지상주의를 강화하고 있다는 점은 신학적으

로 심각한 자기모순이라 볼 수밖에 없다. 하지만 교회 집단의 이기심, 목회자의 권위와 전횡의 구조를 비판하고 극복할 수 있는 시각을 평신도들이 갖기는 쉽지 않다.

간혹 개신교의 경우 성직자가 높은 신학적 식견을 가지고 보다 좋은 교회로 가꾸어 갈 수도 있지만 교회 안에서 성직자 개인의 권한이 제왕처럼 크기 때문에 죄스러운 본성을 가진 한 인간으로서 자신의 권위와 권한을 오용하거나 남용할 가능성이 매우 커서 비윤리적인 오류를 범할 가능성이 상존한다. 제도적 교회의 이런 특성 때문에 오늘날 사회적 비난을 초래하고 있는 성직 세습이나 교권에 대한 우상화가 일어나기도 하는 것이다.

제도적 교회 안에서 신앙인 개개인의 삶에 미치는 교회와 성직자의 독단적 영향이 몹시 크기 때문에 보다 보편적인 교회의 특성과 성직자의 신학적 훈련이 균형을 이루지 않을 경우 교회는 성직자 개인의 왕국으로 전락하거나, 그의 권한이 친인척에게 세습되어도 이를 비판하거나 제어하기 어렵다는 점은 앞으로도 한국 교회의 심각한 문제로 남을 것이다.

나는 이런 현상들이 일어나는 근본 원인은 오늘의 한국 개신교가 개신교의 지난 역사에 대해 비판적 의식을 이어 받지 못했기 때문이라고 생각한다. 한국 개신교 일부가 보여 주고 있는 교회의 사사화(privatization) 현상 역시 사실상 미국이나 유럽의 교회에서는 찾아보기 어렵다. 하나님의 주권이 교묘하게 성직자의

주권으로 해석되고, 하나님의 교회가 보편성을 상실할 경우 성
직자의 독단이나 전횡이 일어나 하나님의 교회에 대한 일반의
신뢰를 얼마나 크게 떨어뜨리는지 서구 교회 구성원들은 역사적
으로 경험했기 때문이다.

그리스도교 2000년 역사 속에서 교회가 지상권을 쟁취했던 시
대는 로마제국과 연대했을 때였다. 당시 신앙은 사회 통합의 원
리이며 동시에 사회 질서의 근원으로 이해되었다. 따라서 하나
님의 주권 실현이라는 관점에서 요구되던 일치를 거부하는 행위
는 곧 하나님 주권을 거절하는 것으로 여겨져 영적인 죽음만이
아니라 실제로 사형에 처해지는 형벌이 주어지기도 했다. 황제
와 귀족들이 그리스도 앞에 복종을 맹세하던 여세를 몰아 성직
자들은 그리스도교를 절대 종교로 받아들이지 않는 이들을 이교
도나 배교자로 몰아 잔인하게 처형하기도 했다. 이 시대는 교회
안에서 일치된 신앙을 고백하던 이들에게는 찬양을 드높였던 시
대였겠지만, 교회 밖에 있었던 이들에게는 공포와 악몽의 시대
였을 것이다.

당시 제도적 그리스도인들은 정당전쟁론(Just War Theory)[4]을

---

4) 정당전쟁론(Just War Theory)은 기독교가 기독교 초기 비폭력 평화주의적인 태도를 버리
고 로마제국의 국교가 되어 제국의 세력과 연대를 나누기 시작하면서 이웃을 위한 대리적
행위로서의 전쟁을 치르는 방법을 제안한 이론이다. 4세기 암브로시우스에서 시작해 아우구
스티누스, 아퀴나스에 이어 루터와 칼뱅과 같은 종교개혁 세력들도 이 이론을 받아들여 전쟁
을 지원했다.

받아들여 전쟁을 지원했고 전쟁터에 나가 싸우는 행위를 하나님의 명령인 것처럼 주장했으며 십자군 전쟁과 마녀 사냥을 통해 이견자(異見者)들의 생명권을 박탈했다. 오늘날 그리스도교 안에서 이런 가공할 종교적 폭력은 사라졌지만 제도적 그리스도인들의 사고와 행위에는 하나님의 통치라는 관점에서 행사되는 종교적 폭력의 흔적이 많이 남아 있다. 이들은 타종교인들을 구원에서 제외된 인간으로 치부하거나 경멸했고, 흑인들을 노예로 삼았으며, 인종 차별을 정당화했고 교회와 사회 안에서 인정해야 할 여성들의 권위와 지위를 부정했다.

이렇듯 제도적 교회가 지배력을 강화하자 신자들의 헌신은 더욱 깊어졌다. 힘이 넘쳐나던 교회들은 그 힘을 모아 교회를 거대하고 화려하게 꾸미기 시작했다. 이로 인해 신앙의 외적 증거는 사실상 교회의 외양과 세력 강화에 모아졌다. 제도적 그리스도인들의 눈에는 자신들의 교회가 높이 세워지고 화려해질수록 위대한 신앙의 증거이거나 살아 있는 하나님의 증거로 보였기 때문이다. 따라서 이들은 크고, 장엄하고, 하늘을 찌르는 높은 건물, 권위와 권력이 있는 곳에 하나님이 계시다고 믿는 경향을 지니고 있다.

이렇듯 물량적인 것에 압도되는 신앙인들은 권력과 물질, 쾌락의 유혹을 이겨 낼 만한 자기비판 의식을 성숙시키기 어렵다. 대신 외적 조건에 좌지우지되는 허위의식과 위선적 자기 과장에 익숙해지기 쉽다. 제도적 교회의 대형화와 화려함 속에서 배운 하나님 신앙은 "위대한 곳에 하나님이 계신다."고 스스로를 의식화시키기 때문이다. 그래서 가난하고 초라한 자리에서는 신성 (divinity)을 경험할 수 없는 이들이 되기 쉽고 이들의 삶에 작고 초라하고 가난하고 억눌리고 병들고 갇힌 이들에게서 하나님의 현존이 느껴지지 않는 병든 신앙이 자리잡게 되는 것이다. 이렇듯 제도적 그리스도인들에게서는 그리스도의 삶과 십자가의 고난은 구원을 위한 교리적 도구가 될 뿐 낮고 겸비한 자세로 그리스도를 따르는 길은 그들의 삶에서 점점 멀어진다.

따라서 이들의 삶에서 참된 정의와 평화, 겸손의 모범을 찾는 일은 쉽지 않다. 이들에게 있어서 영성은 어느 정도 물질화되어 있고, 평화는 다양한 것의 공존이 아니라 이견이 없는 일치라고 생각하기 때문이다. 이견이나 다양성을 인정하지 못하는 일치란 결국 오만과 폭력을 불러오는 것이라는 사실을 깨닫지 못한다. 그래서 하나님은 간혹 그들에게 전쟁을 승인하고, 강압적인 선교를 축복하며, 비그리스도교인들을 향해서 저주와 심판을 서슴치 않는 하느님으로 이해된다. 결국 이들은 로마제국의 폭력적 평화(pax Romana)를 자랑하며 성장한 폭력 종교로서의 그리스도교 유산을 상속하고 있는 신앙 유형을 대변한다.

진보적 그리스도인

한국 기독교 안에는 진보적 그리스도인이 비교적 많다. 시간이
지날수록 진보적 그리스도인은 더욱 많아질 것이다. 왜냐하면
세계화와 다문화적 가치들로 인해 신앙과 이성을 갈등 관계로
보는 제도적 그리스도인에서 벗어나려는 이들이 점차 많아지고
있기 때문이다. 진보적 그리스도인들은 가치 판단에 있어서 제
도적 그리스도인들보다 우월하다. 그들은 역사의식과 가치 판단
에 민감해 제도적 그리스도인들의 맹목적인 신앙을 넘어서야 한
다고 생각한다. 그러나 이들은 이성적 판단에 있어서는 민감하
지만 그것을 실천으로 옮길 때에는 자신의 이해관계를 먼저 생
각하는 기민함을 지니고 있다. 제도적 그리스도인들이 제도 교
회를 향해 헌신하고 봉사하는 반면, 진보적 그리스도인들은 그
대상의 허와 실을 볼 수 있는 지혜가 있기 때문이다.

그러므로 진보적 그리스도인들은 새로운 시대의 사조와 이성
적 이해에 탁월하다. 기독교 사상사를 거슬러 생각해 보면 종교
개혁자들이 이러한 진보적 그리스도인들의 유형에 속한다. 그들
은 제도적 그리스도인들과는 달리 기존 교회의 교리와 제의에
대해 개혁적이고 비판적이었다. 하지만 종교개혁자들이 제도적
교회를 버리고 신앙 공동체 운동을 펼치면서 남긴 두 가지 문제
가 있다.

첫째, 그들은 제도적 교회 자체를 거룩하다고 여기는 우상숭배적 태도를 비판했지만 그에 버금가는 헌신과 봉사의 대상을 찾지 못했다. 종교개혁 당시 많은 사람이 자신들이 익숙하게 섬기던 하나님에 대한 신앙에 의심을 품고, 머뭇거림으로써 보다 나은 신앙의 길을 찾아 나갈 수 있는 계기를 얻었다. 하지만 시간이 지나면서 종교개혁 전통 역시 하나의 완고한 제도적 교회를 지향하는 결과를 초래했다. 다시 말해 제도적 교회가 형성하고 있었던 정치와 종교의 연대 구조를 해체하려고 했지만 개혁자들 역시 세속 권력과 연대를 나누거나 그것을 이용해 교권을 지키려는 유혹을 극복하지 못한 것이다. 즉 권력 종교를 탈피하려했으나 다른 유형의 권력 종교를 지향한 셈이다.

둘째, 이들은 로마 가톨릭교회가 견지하던 신앙적 전통과 보편성을 과도하게 파괴해 개신교인들을 지나친 신앙의 주관성 속에 밀어 넣은 결과 신앙에 대한 자의적 해석을 불러들이게 만들었다. 개인적이며 개체적인 신앙 고백을 중시하다 보니 그들의 교회는 보편적 교회로서의 특질을 점차 상실하고 민족적 가치나 종족적 가치, 사회 문화적 가치에 연계되어 가면서 무수한 분파를 낳는 결과를 초래했다.

제도적 그리스도인들의 교회가 교리적 일치를 강조했다면, 진보적 그리스도인들의 교회는 자의적이거나 개인 중심의 체험적인 신앙의 길을 열어 일치의 해체를 불러왔다. 따라서 종교개혁 이후 개신교회는 수백 개의 분파로 분열되었다. 사분오열되는 교회들이 모여 일치를 도모하려 한 것이 17세기 네덜란드에서 일어난 정통주의 논쟁이었고, 20세기에 들어서면서 나타난 근본주의 운동이다. 이런 노력들은 기독교 안에서 일어나는 다양성에 대한 두려움을 극복해 보려는 헛된 시도에 지나지 않았다.

이렇듯 진보적 그리스도인들은 사유와 판단의 자유를 지나치게 남용해 참된 진리에 대한 헌신과 봉사와 희생의 길을 약화시켰다. 아울러 진보적 그리스도인들을 대변하는 성직자들은 이러한 약화의 길을 진정한 의미에서 개선하지 않고 오히려 이전에 비해 더욱 편협한 제도적 교회 구조로 회귀함으로써 과거 교회들이 범했던 오류들을 반복했다. 종교개혁 당시 가톨릭교회의 박해를 받았던 루터는 다시 박해자가 되어 재세례파 교도들을 처형했고, 가톨릭교회의 이단자 처형에 두려움을 느껴 프랑스에서 스위스로 피신했던 칼뱅은 제네바의 지식인 세르베투스를 비롯한 이견자 58명을 화형과 교수형 등에 처형하는 데 동의했다. 전보다 진보적인 태도를 가지고 이전의 권력 종교를 비판하던 이들이 또 다른 권력 종교를 지향한 것이다.

진보적 그리스도인들을 대변하던 무수한 지도자들이 정치와 종교의 연대 구조를 다시 형성할 수밖에 없었던 이유는 제도적 그리스도인들이나 진보적 그리스도인들의 사유 속에 깊이 자리를 잡고 있는 하나님에 대한 이해에서 찾을 수 있다. 양자 모두가 하나님의 정치적 속성을 이해함에 있어서 지배자 표상으로, 즉 창조주 하나님이 이 세상의 모든 질서를 관장한다는 실증적 인 신정론(神政論, theocracy) 신앙을 품고 있었기 때문이다. 당시 교회는 로마제국의 질서 구조를 흉내 내 위대한 창조주 하나님 을 향한 신앙을 가진 이들의 우월성을 마음껏 자랑했던 것이다.

한때 개혁자들은 하나님의 무력함을 대변하는 십자가의 신학 을 외쳤지만 그것은 구호였을 뿐 그들이 점차 세력을 장악했을 때에는 제도적 교회와 다름없이 지배 종교로써 권위와 권력을 행사하며 교회의 확장과 이익을 지키는 일에 망설임이 없었다. 이렇듯 하나님의 거룩함은 우리에게 정의를 요구하고, 그 정의 의 집행자는 세속 권력이 되어야 한다고 생각했다는 점에서 가 톨릭교회나 개신교는 큰 차이가 없었다. 이런 점에서 본다면 로 마 가톨릭교회나 개신교회의 근본주의적 신앙인들의 의식 속에 자리한 하나님은 제국주의적이고, 지배적이며, 폭력도 불사하는 하나님이다. 이런 하나님이 과연 성서의 하나님, 그리고 예수가 자신과 동일시했던 하나님인지에 대해서는 한번 깊이 생각해 보 아야 할 일이다.

결과적으로 서구 기독교에서 주류 세력을 형성했던 기독교 정 치 윤리는 가톨릭교회나 개신교회나 동일하게 정당 전쟁론을 계 승하는 것이었고, 종교가 개입하는 모든 전쟁은 정당 전쟁론의 논지를 넘어서서 십자군 전쟁(crusade)의 의미로 확산되었다. 이런 의미에서 제도적 그리스도인들이나 진보적 그리스도인들은 평화적이기보다는 호전적이며, 방어적이기보다는 침략적인 사회 윤리 의식에 경도되어 있다. 이런 흐름은 기독교 역사의 어느 단면을 살펴보아도 실증할 수 있다.[5]

이런 점에서 제도적 그리스도인이나 다소 과학적이며 합리적인 사유를 앞세우는 진보적 그리스도인들에게서 평화의 신학을 찾는 일은 매우 어렵다. 한편은 교리적으로 호전적이라면 다른 한편은 너무 현실주의적이어서 손익 계산에 약삭빠르기 때문이다. 교리적 그리스도인들이 자신의 신앙과 판단을 교회의 가르침에 전적으로 경우라면, 진보적 그리스도인들은 교리적 신앙으로부터 자유롭지만 그 이상의 자리를 찾지 못해 부유하는 신앙인이라 할 수 있다. 진보적 그리스도인들이 권력 종교의 근본을 비판하지 못하는 경우 자신들이 비판했던 제도적 교회가 언제나 영성적 고향처럼 느껴지는 것은 이 때문이다.

양심적 그리스도인

기독교 역사 속에는 또 하나의 신앙적 흐름이 있다. 이 흐름을 양심적 그리스도인들의 신앙 유형이라고 분류한다. 이들은 정통

---

5) 박충구, 『평화란 무엇인가?』(홍성사, 2013)

교리나 힘의 현실에서 판단 양식을 구하는 것이 아니라 자신의 성실한 양심에 따라 하나님을 신앙하는 이들이다. 이들은 제도적 교회의 가치에서 진리의 현시가 일어난다고 보지 않으며, 인간의 합리적인 사유의 연장에서 하나님 나라가 해명된다고도 믿지 않는다. 이들은 우리의 양심이란 다양한 이해관계에 따라 굴절되기 쉽지만 그리스도와 함께하는 영성적 삶을 통해 보다 보편적인 가치들을 자신의 삶에서 실현할 수 있다고 믿는다.

양심적 그리스도인의 뿌리는 로마제국주의의 폭력성에 젖어들지 않은 예수와 1세기에서 3세기에 이르는 초대교회, 그리고 16세기 이후 소종파적 신앙인들의 전통에서 찾아 볼 수 있다. 예수는 유대인이었으나 유대교의 제도적 종교인이 되기를 거부했다. 그는 인간의 죄를 깊이 헤아리고 있었지만 죄의 유혹을 이겨낼 수 있는 예언자적 양심을 지키며 하나님 신앙의 길을 걸어갔다. 그는 하나님을 믿는 이들의 삶에 폭력이나 탐욕, 자기중심의 쾌락이 자리 잡을 수 없다고 생각했다. 비록 그의 육체는 십자가에 달려 처형당했지만 그의 가르침은 우리로 하여금 무수한 유혹 앞에서 무엇을 선택해야 할지를 선명하게 지시한다.

제도적 그리스도인들은 제도적 교회 이전의 예수를 만나기 어렵다. 제도적 교회는 우리가 이 예수의 가르침을 따라 의로운 삶을 살아갈 수 없다고 가르치기 때문이다. 그렇기 때문에 교리적으로 원죄를 지닌 죄인이라는 것이다. 그리스도는 우리 삶의 안

내자가 아니라 신앙의 주님이라고 가르침을 받는다. 이렇듯 교리화된 예수가 이미 그들의 신앙 세계에 자리 잡고 있기 때문에 참된 예수를 만나기가 쉽지 않다. 심지어 제도적이거나 진보적인 그리스도인들의 종교는 예수를 민족, 인종, 자신들의 이해관계와 연계시켜 해석함으로써 자신들의 편에 서는 배타적인 존재로 해석해왔다.

하지만 양심적 그리스도인들은 제도적 종교나 합리적 이해관계를 넘어서 예수의 가르침에 따라 평화를 실천하고, 폭력을 멀리하며, 모든 관계를 자기 유익과 쾌락의 기회로 삼지 않는다. 하나님을 사랑하는 길이 교리로 해소되거나 합리성에 의해 해체되는 것이 아니라 지극히 적은 자들을 포함한 우리 이웃을 사랑하는 길과 만난다고 믿는다. 따라서 양심적 그리스도인들은 정치권력에 대해 비판적이지만 권력의 폭력적 속성을 알기 때문에 정치권력과의 연대를 도모하지 않는다.

그러므로 양심적 그리스도인들은 하나님 나라 신앙을 권력 종교와 바꾼 제도적 그리스도인들과 다르다. 왜냐하면 하나님 나라는 교회와 일치되지 않으며, 더구나 세속 정치권력과는 도무지 일치될 수 없다는 것을 그들이 알고 있기 때문이다. 또한 아우구스티누스 이후 로마제국의 권력과 권위를 이용하기 시작한 그리스도교가 교리화한 신정론적인 하나님은 양심적 그리스도인들이 예수로부터 배운 평화의 하나님과 매우 다르다는 것도 알고 있다. 이런 이유로 인해 이들은 제도적 그리스도인들이나 진보적 그리스도인들로부터 하나님에 대한 신앙고백을 하지 않는다 하여 핍박받기도 했다.

제도적 그리스도인들과 진보적 그리스도인들은 교회가 악을 제거하기 위해 불가피하게 폭력을 동원해 평화를 이룰 수 있다고 믿고 있지만 양심적 그리스도인들은 그리스도인의 삶에서는 모든 폭력이 정당성을 얻을 수 없다고 믿기 때문에 비폭력 평화주의를 강조한다. 이런 점에서 양심적 그리스도인들은 행위를 예측할 수 있는 그리스도인들이다. 그들은 간혹 적으로부터도 비폭력적인 양심 세력으로 인정과 신뢰를 받는다. 제도적 그리스도인들은 지배적 하나님이라는 이해를 포기할 경우 그들의 신앙이 위기를 겪게 되지만 양심적 그리스도인들은 지배가 아니라 인간을 사랑해 성육신(聖育身)한 하나님을 예수에게서 발견한다.

제도적 그리스도인들은 애굽의 파라오의 압제에서 신음하던 하나님의 백성을 해방시켜 새로운 종교의 지배를 받도록 부른 하나님을 믿지만 양심적 그리스도인들은 애굽의 압제에서 해방하여 새로운 자유와 정의와 평화로운 삶으로 부르는 하나님을 신앙한다. 따라서 그들에게는 하나님도 신정론적인 지배자가 아니다. 그들은 아브라함처럼 종교를 통해서가 아니라 일상의 삶 가운데에서 찾아오시는 하나님과 동행하는 믿음의 길을 걷는다.

따라서 양심적 그리스도인들은 하나님의 교회를 가시적으로 생각하지 않는다. 그리고 물량과 수치, 교권과 권력에 하나님의 뜻이 담긴다고 보지도 않는다. 하지만 양심적 그리스도인들은 기독교 신앙 공동체의 역사 의식 속에서 인간의 취약성과 인간의 가능성을 나름대로 판단한다. 이들은 역사의 어두운 과정에 좌절하지 않으며, 경이로운 기적을 찾으려 하지도 않는다. 다만 현실 속에서 그들을 부르는 하나님을 향한 신실한 응답이 자신들의 삶이라고 믿는다. 그러므로 이들의 신앙은 역사 참여적이며 책임 의식 또한 높다. 이들은 정의와 평화, 평등과 생명 가치를 위한 헌신과 봉사에서 참 하나님에 대한 신앙의 의미를 찾기 때문이다.

비신정론(非神政論)적 신학의 길

교회마다 몸살을 앓고 있는 현실은 대부분 제도적 그리스도인들과 진보적 그리스도인들이 벌이는 다툼 때문이다. 이들에게 있어서 지켜야 할 내적인 가치는 박약하다. 제도적 그리스도인들이 제도적 신앙의 권위를 지키는 데 목적을 두고 있다면, 진보적 그리스도인들은 상대적 선을 위한 이루기 위해 제도적 권위를 쟁취하려는 데 목적이 있다. 이들이 지닌 공통된 속성은 싸움에서 승리하기 위해 폭력이나 불의한 수단까지 사용할 수 있다고 생각하는 것이다.

이런 방식은 승리와 정복을 중심으로 삼은 주류 기독교가 오래 동안 사용했던 방법이다. 교회에서 선을 얻기 위해 악을 동원하는 일도 가능하다고 가르친 것은 4세기 암브로시우스 시절부터였다. 이후 그리스도인들이 공인의 자리에 서거나 집단의 일원이 될 때 양심의 요구를 포기하고 관료적이 되어 냉혹하고 폭력적인 행위에 나서는 것도 신앙적이라고 가르쳤다. 그러므로 절대 군주인 하나님을 섬기는 이들이 패배하거나 피정복민으로 전락하는 현실을 받아들이지 못하게 된 것이다. 이런 기독교가 지향한 것은 지배 종교가 되는 길이었다. 그 안에서 승리와 정복에 대한 열망이 그들을 폭력적인 그리스도인들로 만들었다.

신학자 한스 퀑(Hans Küng)은 이런 부류의 질병을 교회의 만성적 고질병이라고 했다. 그는 만성적 질병의 증세로 진리 독점론, 제국주의적인 속성, 성(性)을 속된 것으로 보기, 여성에 대한 차별, 종교와 정치의 분리를 주장하면서 은밀하게 권력을 탐하는 성향, 그리고 변혁과 개혁을 거부하는 보수성 등을 지적했다.[6] 이런 질병을 진지하게 숙고하고 극복해 새로운 삶을 실천할 수 있는 신앙 유형은 제도적 그리스도인이나 진보적 그리스도인들이 아니라 양심적 그리스도인들이다. 신학자 디트리히 본회퍼(Dietrich Bonhoeffer)가 옥중에서 남긴 말처럼, 예수는 "우리를

---

6) 한스 퀑, 『Ist die Kirche noch zu Retten?』 (Muenchen: Piper Verlag, 2011), 93ff.

새로운 종교로 부르시는 것이 아니라 새로운 삶으로"[7]부르시기 때문이다. 양심적 그리스도인들만이 이러한 부르심에 응답할 수 있다.

이런 점에서 이들은 신정(神政)을 앞세워 폭력 종교가 되어 버린 기독교를 비신정화, 즉 절대군주적인 심판자로서의 이해를 넘어 절대군주처럼 만들어진 하나님으로부터의 해방을 요구하는 예수의 신앙을 중시한다. 예수가 자신을 하나님과 동일시했을 뿐 아니라 우리를 향해 이제는 종으로 여기지 않고 벗이라 부르겠다고 한 시각에서 본다면 하나님과 인간 사이에 있어야 할 관계는 심판과 저주의 관계가 아니라 사랑과 희생의 연대적 관계로 이해할 수도 있기 때문이다,

본회퍼와 같은 양심적 그리스도인의 관점에서 볼 때 아우구스티누스, 토마스 아퀴나스나 칼뱅의 시대에서 주장하던 신정론적인 신학에 기대어 자신이 속한 종교 권력을 강화하던 시대는 이미 지나갔다.[8] 따라서 우리는 신정론적인 하나님 신학의 폭력성 해체, 즉 비신정론적 신학의 길을 통해 새로운 평화의 신학을, 평화의 신앙을 일구어야 한다. 수만 개의 핵폭탄이 생명 세계를 볼모로 잡고 있는 위험한 지구 안에서 참된 종교가 지향해야 하는 길은 종교 집단의 이기심을 충족시키기 위한 종교를 위한 종

7) 디트리히 본회퍼, 『Letters and Papers from Prison』 (London: Fortuna Books, 1967), 199.
8) 디트리히 본회퍼, 『Letters and Papers from Prison』 (London: Fortuna Books, 1967), 152.

교가 아니라 인류의 생존을 위협하는 폭력을 제거함으로써 모든

생명을 지키고 평화를 일구어 내는 종교다.

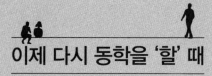

이제 다시 동학을 '할' 때

21세기 대안 종교로서의 동학

김용휘

천도교한울연대 공동대표, 한양대 강의 교수. 한양대학교에서 동양철학으로 석사학위를, 고려대학교
에서 한국철학으로 박사학위를 취득했다. 이후 부산예술대학 동학연구소 선임연구원, 군산대 및 고려
대 연구교수를 거쳐 동학학회 총무이사를 역임했다. 현재 한국종교인평화회의 대화위원으로도 활동
중이다. 지은 책으로는 『우리 학문으로서의 동학』, 『최제우의 철학』 등이 있다.

종교인은 무엇을 위해 사는가

19세기 독일의 시인 휠덜린(Hölderlin)은 "궁핍한 시대, 시인은 무엇을 위해 사는가?"를 물었다. 나는 이렇게 묻고 싶다. "불안의 시대, 종교인은 무엇을 위해 사는가?"

이 시대를 규정하는 심리적 기조는 '불안'이다. 물질적으로는 편리해졌지만 빨라진 삶의 속도와 불안정한 미래로 인해 누구나 편안하지 않은 삶을 살고 있다. 지금 우리는 절망적인 파멸과 희미한 희망이 교차하는 선택의 기로에 서 있다. 지구온난화로 기후 변화는 갈수록 심각해지고 지구 생태계는 급속히 무너져 기상이변이 속출하고 있다. 포기할 수 없는 경제 성장, 에너지 소비의 지속적 증가, 지나친 개발로 인한 생태계의 위기도 가속되고 있다. 종교·인종·이념·영토·국익·핵무기 등을 둘러싼 갈등은 여전히 평화를 요원하게 만들고 있다. 신자유주의의 세계화와 시장 만능으로 인한 서민의 삶의 붕괴, 물질만능, 물신주의의 팽배에서 오는 소외, 정신의 위기 또한 심각하다.

역사가 시작된 이래로 평온했던 시간은 그리 많지 않았지만, 지난 수십 년간 겪은 과학 기술의 급속한 발전과 사회 변동은 수천 년에 걸친 것보다 더 많은 삶의 변화를 초래했다. 철학자 카를 야스퍼스(Karl Jaspers)는 기원전 800년부터 200년까지를 '차축시대'라고 했다. 중국과 인도, 이스라엘과 그리스에서 인류의 정신과 문명이 획기적으로 비약했던 시기를 가리키는 용어다. 지금까지 이어지고 있는 위대한 종교와 철학은 모두 이 시기에 등장했다. 그러나 이 정신 문화는 그냥 꽃핀 것이 아니다. 고난과 고통 위에 핀 꽃이었다. 이 시기는 그야말로 전쟁의 시대로, 폭력과 살인이 일상이었다. 그러한 고통과 고난에 대한 응답으로 참된 인간의 길을 제시하면서 나온 것이 4대 문명이었다.

지금은 또 하나의 차축시대를 건너고 있는 듯하다. 인류 전체의 절멸을 걱정해야 할 정도로 과거보다 더 심각한 전지구적 차원의 문명적 위기를 맞고 있다. 따라서 총체적으로 새로운 문명의 전환이 필요한 시대다. 새로운 정신, 새로운 삶의 길을 제시하는 종교가 나와야 한다. 과학의 성과에 배치되지 않으면서도 과학만능주의, 과학적 유물론, 물리주의에 빠지지 않고 우주와 생명에 대해 통합적 안목을 가지고 인간이 성취할 수 있는 인격적 완성과 진정한 내면적 평화와 자유 그리고 타자와 더불어 생태적이고 미학적으로 살아가는 새로운 인간상을 제시해야 한다.

21세기 최첨단 과학 문명의 시대에도 종교는 필요하다. 인간은 과학적 진리로만 살아갈 수 있는 존재가 아니기 때문이다. 인간이 추구해야 할 덕목은 진·선·미 3대 가치다. 과학적 사실의 세계도 중요하지만 그것으로 다 해결되지 않는 질적인 세계가 있다. 형이상학적 열망과 죽음의 문제 극복, 의미 있고 가치 있는 유덕(有德)한 삶, 진정한 내면의 평화와 지복(至福), 인간의 감각과 이성으로 파악되지 않는 우주의 궁극적 실재에 대한 직관적인 통찰의 세계가 엄연히 존재한다. 21세기 종교는 이런 궁극적인 차원을 열어 주면서도 차축시대의 종교와는 달리 모든 관계가 수평적이어야 하며, 인간뿐 아니라 모든 만물에 대한 생태적인 감각을 가지고, 궁극적 실재에 대한 직접적 체험과 여성적 가치가 존중되어야 한다. 삶의 모습은 청빈하되 미학적인 차원이 결합됨으로써 문명의 품격을 한 차원 상승시키는 방향으로 나아가야 한다.

나는 '문명 전환의 시대'에 대안 종교의 가능성[1]을 동학에서

---

[1] 오강남은 "동학의 가르침은 세계 종교사에서 나타나는 보편적 가치의 결집"이라고 평했고(오강남, 『세계종교 둘러보기』 (현암사, 2003) p.341, 윤노빈은 "동학의 '人乃天 혁명'은 밀레토스의 로고스적 혁명이나 예루살렘의 파토스적 혁명이 가져온 결과보다 더 놀라운 변화를 인류의 앞날에 가져다줄 것"이라고 하면서 동학의 세계사상사적 의의를 높게 평가하기도 했다. (윤노빈, 『동학의 세계사상사적 의미』, 「新生哲學」 (학민사, 2003년 증보판 1쇄))

찾고자 한다. 동학에서 새로운 삶의 길을 찾고자 하는 이유는 바로 이러하다. 동학의 창시자인 수운 최재우(水雲 崔濟愚) 선생이 19세기에 품은 고민은 서민들의 삶이 나락에 떨어지고, 서세동점(西勢東漸)에 의해 동아시아 질서가 무너지며, 인간의 이기심 때문에 하늘의 신비가 사라지면서 생긴 삶의 총체적 위기에 대한 것이었다. 그리하여 동학은 자연스럽게 밑바닥 민중의 고난과 고통에 관심을 갖고 동양의 지혜를 바탕으로 서양의 영성을 흡수해 하늘과 인간의 관계를 재정립하고 보이지 않는 차원을 아우르면서 삶의 신비와 영성을 되살려 냈다. 동학은 비록 변방의 것이지만 오늘날처럼 서양 근대문명이 한계에 부딪히면서 인간의 '존엄'이 위협받고, 생태계가 파괴되어 삶의 신비가 가려질 때 하나의 대안이 될 수 있는 보편성을 가진 철학이자 종교이다.

우리 학문, 동학을 '하다'

동학은 1860년 당시 조선 백성들의 고통에 대한 하나의 응답으로서 유학과 서학과는 다른 이 땅의 학문을 정립하려는 의도에서 나왔다. 동학은 일반적으로 알려져 있듯이 '서학'에 반대되는 의미의 '동학'이 아니다. 동학의 '동'은 서에 대한 동이 아니라, '동국'의 '동'을 의미한다. 예로부터 '동(東)'자는 우리나라를 지칭했다. 우리 민족을 동이(東夷)라고 했고 우리나라를 동국(東

國), 우리 역사를 동사(東史), 우리 의학을 동의(東醫)라고 했다. 그러므로 '동학'은 '동국의 학', 즉 '우리 학문'을 의미한다.[2]

동학은 수운 최제우의 '보국안민(輔國安民)'의 열망에서 나온 가르침이다. 세도정치의 부패와 지방 수령들의 폭정 속에서 도탄에 빠진 백성들의 삶을 다시 일으켜 세우기 위한 현실적인 구도(求道) 동기에서 나온 것이다. 수운은 10년간 천하를 돌아다니며 백성들의 삶을 깊이 들여다보고 7년여의 수련 끝에 1860년 4월 5일 궁극적 실재인 '하늘님'을 만났다. 그럼으로써 모든 존재 안에 하늘님이 모셔져 있다는 시천주(侍天主)를 자각하게 되었다. 이 시천주를 자각한 수운은 신에 대한 이해를 새롭게 하면서 이를 바탕으로 모든 사람이 신령한 하늘님을 모신 존재로서 평등할 뿐 아니라 존엄한 존재라는 깨달음을 얻었다. 또한 수운은 '다시 개벽'을 부르짖으며, 민중의 가슴에 새 세상의 도래에 대한 희망을 심어 주었다.

수운은 "인의예지는 옛 성인이 가르친 바요, 수심정기는 오직 내가 다시 정한 도법"[3]이라 해서 당시 인의예지가 현실에서 실천되지 않음을 보고 그것이 현실적으로 실천에 옮길 수 있는 마음의 바탕을 마련하는 공부로서 '수심정기(守心正氣)'를 자신의 심법으로 내놓았다. 그리고 서민들도 누구나 일상생활을 하면서

---

2) 필자의 저서, 「우리학문으로서의 동학」, (책세상, 2006) 참조

3) 「東經大全」, 「修德文」

도 마음을 닦을 수 있는 대중적 수련 방법으로 '주문수련(呪文修鍊)'을 제시했다. 수운은 이러한 자신의 종교 체험과 깨달음의 내용을 한문과 한글로 표현했다. 한문으로 기록한 것이 『동경대전(東經大全)』이고 한글 가사체로 기록한 것이 『용담유사(龍潭遺詞)』다.

이후 동학은 평민 출신인 해월 최시형(海月 崔時亨)에게 전수되어 민중들의 생활 속으로 더욱 친밀하게 들어갔다. 해월은 스승의 '시천주' 가르침을 이어받아 사람을 하늘님같이 섬기라는 '사인여천(事人如天)'의 가르침을 내놓고 몸소 실천하면서, 당시 핍박받던 민중, 특히 여성과 어린이까지도 하늘님으로 공경하라고 가르쳤다. 또한 자연만물까지도 공경하는 경물(敬物)에까지 이르러야 도덕의 극치를 이룰 수 있다고 함으로써 생명에 대해 보호를 넘어 '공경'하는 마음을 지니라고 했다.[4] 해월은 사람만이 하늘님을 모신 것이 아니라, 만물이 다 하늘님을 모셨다는 것을 깊이 통찰했다. 그래서 아침에 지저귀는 새소리를 들으면서 "저 새소리도 시천주의 소리"라고 했고, "땅을 소중히 여기기를 어머님의 살결같이 하라."라고 했다. 이처럼 해월은 일상에서 공경을 생활화해 동학적 인간상을 정립하고 동학적 인격의 전형을 몸소 보여 주었다.

---

4) 「海月 神師法說」, 「三敬」

한편 무능한 조정과 지방 수령의 폭정을 견디다 못해 일어난 갑오년의 동학농민운동(1894)은 동학의 평등사상을 기반으로 당시 억압받던 농민들의 열광적인 지지를 받아 새로운 세상 건설의 기치를 한껏 높였다. 그러나 이를 계기로 청과 일본이 개입하고 이는 결국 청일전쟁으로 치달아 동아시아는 파란에 휩싸이게 된다. 이후 동학군은 청일전쟁에 승리한 일본에 의해 강제 진압되고 동학은 다시 지하로 들어가게 되었다. 이때 희생된 동학군이 30만 명을 헤아린다.

동학농민혁명 이후 풍전등화 같은 교단을 이어받은 의암 손병희(義菴 孫秉熙)는 1905년 동학이라는 이름을 천도교(天道敎)로 바꾸고 교단을 근대적 종교 체계로 정비했다. 뛰어난 영도력을 발휘한 의암은 1910년대에 이미 300만 교도를 양성하는 한편, 3·1운동을 주도해 스승의 보국안민 정신을 계승했다. 의암은 교단의 성장보다는 민족의 독립이 우선임을 항상 환기시켰다. 그래서 의암의 별세 이후 동학·천도교는 종교적 성격보다는 사회운동의 성격을 띠고 『개벽』을 비롯한 출판운동을 통해 민중을 계몽하는 한편, 어린이·여성·농민·노동자·청년 운동 등 이른바 신문화운동을 이끌면서 사회 변혁과 계몽적 실천에 힘썼다. 또한 해방 공간에서는 남북통일운동을 전개하기도 했다. 이는 이후 남북한 모두에서 천도교가 탄압받고 위축하게 된 원인이 되기도 했다.

한편 천도교 외에도 동학을 계승한 단체로는 시천교, 동학교, 상제교, 수운교 등이 있지만 지금은 거의 사라지고 수운교만 겨우 명맥을 유지하고 있다. 이 외에도 단체에 속하지 않고 개인적으로 동학의 정신을 계승하는 많은 동학인이 있다.

예로부터 동학은 '믿는다'라고 하지 않고, '한다'라고 표현했다. 신앙 대상에 대한 믿음보다는 주체적인 자각과 실천을 강조한 것이다. '한다'는 내가 하는 것을 뜻한다. 지금 여기에서 끊임없이 우리 백성의 아픔을 이해하고 시대의 고난에 대응해서 동학을 주체적으로 '하는' 것이다. 오늘날 '한살림'을 비롯한 여러 생명운동 단체들 역시 이 시대에 동학을 '하는' 사람들이라고 할 수 있다. 동학은 지금 다시 피어나고 있다.

통합적 신관, 새로운 형이상학의 가능성

스티븐 호킹은 『위대한 설계(The Grand Design)』에서 "신이 우주를 창조하지 않았다"라고 주장해 세계 과학자들과 종교인들의 격렬한 논쟁을 불러일으켰다.[5] 책은 신의 존재를 상정하지 않아도 지금의 우주를 물리적으로 설명할 수 있다는 사실을 이 시대 최고의 물리학자답게 대중적인 언어로 매우 설득력 있게 제

---

5) 스티븐 호킹, 레오나르드 믈로디노프 지음, 『위대한 설계』 (까치, 2010)

시한다. 그렇지만 이 책은 신 없이도 우주를 설명할 수 있다는 것을 말하고 있을 뿐, 신이 우주를 창조하지 않았다는 것을 논증하지는 않는다. 마치 살인사건의 원인을 규명하면서 검시관이 교살인지, 독살인지, 자상에 의한 것인지 등 죽음의 원인을 의학적 차원에서 물리적으로 규명한 것과 같다. 하지만 이로써 사건이 다 밝혀지는 것은 아니다. 경찰은 이런 부검 결과를 참고하면서 살인의 동기를 주변 사람들과의 관계를 통해서 원한 관계인지, 이해관계인지, 우발적 범행인지 등 심리적 원인을 가려내야 한다. 스티븐 호킹의 연구는 물리적 인과 관계를 규명한 유의미한 작업이지만 그것으로 우주와 생명의 탄생, 인간의 의식현상까지 전부 설명할 수 있는 것은 아니다.

또한 스티븐 호킹은 그리스도교 문명에 한정해 신을 논하고 있다. 인격신으로서 창조주의 존재를 부정하고 있지만 다른 문명권에서 이해하는 신에 대해서까지 부정하는 것은 아니다. 김경재 한신대 명예교수는 "인류 종교사 속에 나타난 다양한 유일신 이름들(야훼, 알라, 브라만, 도, 하늘님 등)은 신비 자체, 진리 자체, 존재 자체인 언표 불가능한 절대 포괄자로서의 '궁극적 실재'가 구체적인 인간 공동체들의 '삶의 자리', 곧 그들이 처한 정치적 · 문화적 · 자연 환경적 맥락 속에서 계시된 '궁극적 실재'

를 이해하고 응답한 해석학적 반응"[6]이라고 했다.

스티븐 호킹의 언급은 지금까지 주류 그리스도교에서 궁극적 실재를 인격신, 창조주라고 일면적으로 이해하고 규정했던 데 대한 비판일 수는 있지만, 그의 시선 역시 과학으로 모든 것을 설명할 수 있다는 과학적 환원주의를 벗어나지 못하고 있다. 철학자나 종교인들도 과학적 업적을 존중하지 않는 경우가 많은데, 유덕한 삶, 아름다움 같은 다른 차원의 진리를 언급하려면 먼저 그들의 이야기에도 귀 기울여야 한다. 21세기의 종교는 진화론이냐 창조론이냐, 유물론이냐 유심론이냐, 일신론이냐 범신론이냐의 이분법을 벗어나서 과학과 종교, 철학이 이룩한 업적들을 존중하면서 보다 통합적으로 신과 우주, 생명에 대한 해석을 내놓아야 하는 과제를 안고 있다.

이런 점에서 동학의 신관은 더 다듬어져야 하지만, 통합적 신관의 가능성을 지녔다는 점은 분명하다. 동학의 신관은 보통 범재신론(凡在神觀, panentheism)으로 분류할 수 있다. 궁극적 실재의 초월성과 내재성, 유신론과 범신론이 통합된 신관이다. 그렇지만 수운이 이런 신관을 사색을 통해 이끌어낸 것은 아니다. 그의 신에 대한 이해는 신에 대한 다양한 체험을 통해 넓어지고 깊어졌다. 수운은 신을 규정하지 않았다.

---

6) 김경재, 『이름 없는 하느님』 (삼인, 2002) 88쪽.

수운의 하늘님 체험은 여러 양상으로 나타났다. 처음에는 밖에서 인격적인 존재의 목소리를 들었다. 그러나 시간이 지나면서 온몸이 떨리는 기운으로 체험했고(外有接靈之氣), 밖에서 들린 목소리를 내면에서 듣는(內有降話之敎) 방식으로 체험했다. 더 나아가서는 '오심즉여심(吾心卽汝心)'이라고 표현하는 합일체험, '무궁한 이 울 속에 무궁한 나'를 자각하는 데까지 나아간다. 이런 체험을 거치고 다시 1년 정도 성찰의 시간을 보낸 후 수운은 시천주(侍天主)라는 명제를 제출한다. 시천주는 인간뿐만 아니라 모든 만유가 하늘님을 모시고 있다는 자각의 표현이다.

수운은 이 시천주를 깨침으로써 하늘님이 실재하되, 저 하늘에 초자연적인 인격신으로 존재하는 것이 아니라, 영기(靈氣)로서 우주에 두루 편재하면서 내 몸을 만들어 놓고 다시 생명의 기운을 불어넣어 준다고 보았다. 또한 나라는 존재는 우주의 전체생명과 깊이 연결되어 있다는 것과 내 안에 하늘님의 영(靈)이, 신성(神性)이 내재한다는 것을 체험적으로 통찰했다.

그러므로 하늘님은 증명의 대상이 아니요, 바로 내 몸에 모시고 있음을 기운과 신령으로 체험해야 하는 존재이다. 그래서 수운은 시천주의 '시(侍, 모심)'를 세 가지, 즉 '내유신령(內有神靈)', '외유기화(外有氣化)', '각지불이(各知不移)'로 풀이한다.[7] 안으로

---

7) 최제우, 『동경대전』(1880), 「논학문」

거룩하고 신령한 하늘님이 내재하고 밖으로 우주적 기운과 생명의 유기적 관계함이 있음을 온전히 체험함으로써 생명의 실상을 온전히 알고 하늘님과 분리되지 않는 실천을 하라는 것이 곧 '모심'의 의미라는 것이다.

요컨대 동학의 하늘님은 우리 민족이 정화수를 떠 놓고 기도하고 믿어 왔던 소박한 하늘님과 다른 존재가 아니다. 또한 기독교의 하느님(하나님)과 다른 존재가 아니다. 그리고 성리학의 이기(理氣), 불교의 불성(佛性), 도가의 도(道)와 다른 존재가 아니다. 동학의 하늘님은 요즘 언어로 하면, 우주 기운(至氣)이자 우주 생명이며, 우주적 영(하나의 영)이자 우주 정신이다. 이 영은 물질이나 정신으로도 나눌 수 없는 애초부터 정신과 물질이 통합되어 있는 하나의 근원적 실재이다. 이 영의 두 가지 속성이 물질과 정신이라고 보는 것이 더 합당할지도 모르겠다. 근원에서 하나이지만, 정신의 차원에서 이야기할 때는 '영'이라 하고, 우주에 가득 차 있으면서 만물을 생성하는 에너지로 이야기할 때는 '기'라고 하며, 인격적 의지를 가지고 가르침을 내릴 때는 '하늘님(천주)'이라고 하고, 그것이 내 안의 본질로서 내재했을 때를 '마음(심령)'이라고 한다.

동학은 우주와 생명에 대해서도 기존의 성리학이나 서양의 근대적 사유와는 다른 관점을 가지고 있다. 우주는 본래 혼원한 하나의 지극한 기운(至氣)으로 가득 차 있다. 기(氣)는 모든 만물을 생하게 하는 근원적 질료이자 만물을 만들고 변하게 하는 에너지이기도 하다. 이것은 성리학의 기 개념과 상통하는데, 동학의 기 개념이 조금 다른 것은 '기가 곧 영'이기도 하다는 점이다. 기는 모든 생명의 근원이기도 하지만 동시에 영적 실재이기도 하다는 점이 동학의 특징이다.

수운은 시천주 사상을 통해서 모든 존재가, 심지어 무기물조차도 영을 지니고 있고, 생명이 있다고 했다. 우주의 실재는 보이지 않지만 원초적 생명과 영성을 가진 기운덩어리며, 모든 것이 하늘의 기운에서 생성된 것이라고 한다. 그러므로 인간과 자연도 모두 하늘이 표현된 것이다. 그 안에는 하늘의 영과 하늘 기운과 하늘 생명이 내재(內有神靈, 外有氣化 各知不移)하고 있다. 해월은 나아가서 천지 자체를 우리 생명의 근원으로 부모님, 즉 '천지부모'라고 했다. 천지는 단순한 물리적 자연이 아니라 살아 있는 우주적 생명, 모든 만물을 낳는 생명의 근원, 영적 활력과 기운으로 가득 차 있는 유기적 생명일 뿐 아니라 받들어 모셔야 할 '님'이다.

그는 또한 "어찌 홀로 사람만이 입고 사람만이 먹겠는가. 해도 역시 입고 입고 달도 역시 먹고 먹느니라."라고 하며 모든 만물을 살아 있는 것으로 보고 그 속에서 신성함을 발견하고 공경할 수 있어야 한다고 했다.

하늘님을 인격적 실체가 아니라 '기'라는 실재, 영성과 생명을 이미 담고 있는 우주 기운, 우주 생명으로 볼 때, 서양의 초월신관과 동양의 범신론, 유학의 이기론이 상통할 수 있는 길이 열린다.[8] 오늘날 종교 갈등과 반목이 자기의 종교적 교리만이 절대적 진리라고 하는 배타적 관점에서 시작하는 모습을 보면 동학이 지닌 신관에 대한 폭넓은 관점은 이런 배타를 넘어 대화와 화합으로 갈 수 있는 새로운 형이상학적 통찰을 담고 있다.

한편, 시천주는 신관에 대한 보다 폭넓은 이해를 담고 있지만, 이는 필연적으로 인간에 대한 새로운 이해를 촉구하며, 인간에 대한 재발견으로 나아간다. 자기 안에서 하늘님의 신성을 발견한 사람은 더 이상 과거의 낡은 자기가 아니다. 그동안 거짓 자아 속에 파묻혀 있던 잃어버린 존엄성을 발견함으로써 자기 안에서 초월적 차원을 열게 되는 동시에 다른 모든 존재 속에서도 하늘님을 발견한다. "동학적 주체성은 자신의 마음을 우주의 생성에 조율하는 노력을 통해 고요한 안정성과 포용성을 바탕으로 외부 사물과 소통하는 능력을 함양하는 데에서 이루어진다."[9]

---

8) 이것을 탁월한 심리학자이자 영성가이기도 한 켄 윌버(Ken Wilber)는 "활동 중에 있는 영"이라고 표현한다. 켄 윌버는 물질에서 생명으로 생명에서 마음(정신)으로 관통하는 공통의 진화적 줄기가 있는데, 진화는 '활동 중에 있는 영', '창조 중에 있는 신'으로 말미암은 것이라 한다. 그래서 그는 우주는 물질계로만 한정될 수 없고 물질계, 생명계, 정신계, 신계를 모두 포함한 전체 우주로서 온우주(Kosmos)로 본다. 「모든 것의 역사」(대원출판, 2004) 참조.

9) 이규성, 『최시형의 철학』(이대출판부, 2011) 23쪽.

이런 주체의 재발견은 당시 모든 사람이 계급과 귀천에 관계없이 존엄하고 평등한 존재라는 인식으로 확장되었다. 이는 당시의 계급 모순과 불평등에 대해 근본적 반성을 가져왔고, 동학농민운동과 3.1운동 등에서 보여주듯이 이런 시천주에 대한 자각이야말로 모든 생명과 평화적 사유의 메마르지 않는 원천이 되었다.[10)]

'대중영성' 시대의 수행과 깨달음

불안이 곰팡이처럼 영혼을 잠식하고 있다. 사람들은 어디에서도 안식을 찾지 못하고 각종 스트레스와 우울, 외로움, 분노에 사로잡혀 있다. 경쟁이 기본 원리인 사회에서 따뜻한 마음을 가지고 타인을 친절하게 대할 마음의 여유는 없다. 화려한 백화점의 네온사인과 복작대는 대형마트, 스타를 동원한 매스미디어의 과대광고는 소비자들의 텅 빈 가슴을 파고들어 불필요한 욕망을 부추긴다. 수많은 지식이 난무한 가운데, 여전히 수많은 편견과 선입견, 차별이 엄존한다.

---

10) 이런 시천주적인 사유 자체는 다른 종교 전통에서도 없었던 것은 아니다. 어쩌면 이것이 모든 보편 종교의 창시자들이 직접 체험했던 영성의 중핵이라고 할 수 있다. 그러나 하늘님, 신에 대한 직접 체험은 이후의 제도적 종교로 전개되면서 위험한 것으로 치부되어 주류적 전통에서 밀려나 퇴색되어 왔다. 이것을 수운이 다시 살려내 동학의 가장 핵심적인 사유로 천명했다는 데 '시천주' 사상의 의의가 있다고 하겠다.

심리 치료나 마음 공부, 명상 수행의 필요성이 더 커지고 있다. 이 분야 시장 규모가 벌써 10조원을 넘어섰다는 보도도 나온다. 하지만 대부분 단기 프로그램을 통해 잠시 체험하는 정도에 그쳐 근본적인 해결이 되지 않는 경우가 많다. 수행의 목표를 바르게 설정하고 긴 호흡으로 일상에서 꾸준히 마음을 살피는 노력이 보다 중요하다.

수행은 깨달음을 목표로 하는 것이지만, 우주의 운행 원리를 깨닫고, 다른 사람의 운명을 헤아리고 신통력으로 병을 고치고, 남들이 못 보는 것을 보고 못 듣는 것을 듣는 그런 것으로 깨달음을 이해해서는 안 된다. 수행은 일단 원만한 인격, 유덕한 사람이 되는 것이 목표다. 마음에 꼬인 것이 없고, 맑고 밝아 구김이 없으며, 어떤 사람을 만나도 그 사람을 따뜻하고 친절하게 대할 수 있는 인격을 갖추고자 하는 것이다. 나아가 내면의 참나를 발견함으로써 생사를 초월해 어디에도 걸림이 없는 자유로운 인격이 되고자 하는 것이다. 그러기 위해서는 참회로부터 시작해 상처받고 억압된 마음을 치유하고, 본래의 맑고 밝은 하늘 마음을 회복해야 한다. 그럼으로써 내 안에서 하늘의 신성을 발견하고, 궁극적으로 나와 하늘이 둘이 아니라는 비이원성, 무궁성을 깨닫는 것이 수련이다.

동학 역시 이런 마음공부(심학)을 기본으로 한 수행의 종교이자 깨달음의 종교다. 수운은 모든 사람이 자기 속에서 신성을 발견하고 본래의 하늘마음을 깨달아 현인군자가 되기를 바랐다. 그리고 그 방법으로 그가 새로 제창한 것이 '수심정기(守心正氣)'다. 수심정기는 모든 실천에 앞서 먼저 마음과 기운을 맑고 밝게 하는 공부다.

동학의 수도법은 '마음이 하늘(님)'이라는 데서 시작한다. 하늘이 저 공중에 있다고 생각하지 않고 바로 내 마음이 하늘(님)이며, 내 마음을 떠나 따로 하늘이 있는 것이 아니기 때문에, 하늘님을 공경한다는 것은 곧 내 마음을 공경하는 데서 시작하는 것이다. 하늘님을 공경한다고 하면서 내 마음이 맑고 밝지 못하고 분노와 탐욕, 시비지심, 물질과 세속적 성공 및 출세에 사로잡혀 있다면 이는 하늘님을 제대로 공경하지 못하는 것이다. 그러므로 동학의 마음공부는 마음을 항상 맑고 밝고 온화하고 깨어서 집중된 상태로 유지하는 것을 말한다. 현재의 마음을 늘 살펴서 항상 맑고 밝고 신령하게 유지하는 것이 진정한 경천(敬天)이다.

동학 수도법은 마음과 기운을 항상 같이 언급한다. '수심정기'라 할 때는 물론 "마음이 화하고 기운이 화하여(心和氣和) 봄같이 화하기를 기다리라."고 할 때도 마음을 단독으로 쓰기보다는 항상 기운과 같이 사용한다. 마음만 가지고는 곧바로 실천으로 연결되지 않는 경우가 많기 때문에 먼저 기운 공부를 통해 기운을 바르고 조화롭게 해야 한다. 기운은 몸과 감정의 현재 상태와 관련된 생명 에너지의 흐름이므로 기운 공부는 곧 몸 공부이기도 하다. 마음이란 수시로 변하는 것이므로서 몸과 직접 관련된 기운 공부가 선행되지 않으면 현실적 실천력을 확보하지 못하는 경우가 종종 있다. 그래서 처음에는 기운 공부를 통해 몸과 기운의 상태를 바르고 조화롭고 강건하게 함으로써 마음도 저절로 그렇게 되도록 할 뿐만 아니라 감정과 욕망을 조절할 수 있는 실제적인 힘을 갖추어야 한다.

수심정기가 동학 수도의 원리라면, 주문 공부는 동학 수도의 구체적인 방법이자 도구라고 할 수 있다. 주문 수련은 불교의 염불이나 티베트의 만트라, 동방정교의 '예수의 기도' 같이 일상에서도 누구나 쉽게 할 수 있는 쉽고 대중적인 수련법이자 매우 효과적인 수련법이다. 간단한 음절을 소리 내어 반복하는 주문 수련은 그 음절이 내는 주파수에 정신을 집중시켜 주며, 자연스럽게 단전호흡으로 이끌어 몸의 기운을 바로잡아 준다. 그래서 주문이나 염불 수련에서 치유의 이적이 많은 것은 자연스러운 몸의 변화와 정신집중을 통한 심신의 안정 때문이다. 수운은 "열세 자 지극하면 만권시서 무엇하며 심학이라 하였으니 불망기의 하였어라."라고 해 주문만 열심히 외워도 누구나 현인군자가 될 수 있다고 했다.

주문 수련은 크게 두 가지로 진행한다. 현송법과 묵송법이 그것이다. 현송법은 큰 소리로 스물한 자('지기금지원위대강 시천주조화정영세불망만사지至氣今至願爲大降侍天主造化定永世不忘萬事

知)를 일정하게 반복해서 외운다. 이는 기운을 위주로 하는 수련 법이다. 이를 반복하면 하늘의 기운을 접하게 되어 지친 기운이 회복되고 마음이 맑고 밝아질 뿐만 아니라, 마음에 힘(心力)이 생긴다. 이를 통해 잘못된 습관, 반복되는 실수에서 벗어나 항상 심화기화, 즉 마음이 화하고 기운이 평정한 상태를 유지할 수 있다.

묵송법은 강령주문(지기금지원위대강)을 뺀 본 주문 열세 자(시천주조화정영세불망만사지)를 소리 내지 않고 조용히 읊으면서 마음의 본체와 우주의 근본을 관하는 공부다. 이를 통해 마음이 곧 하늘임을 온전히 깨닫고 나면 세상 티끌에 물든 마음에서 벗어나 본래의 청정한 마음을 회복할 수 있다고 한다. 이는 본래의 비고 고요한 본성(성품)을 회복하는 공부이며, '참나'를 찾는 공부이기도 하다. 성품의 본성은 본래 생함도 멸함도, 죽고 사는 것도 없는 것이라고 한다. 마음이 비고 고요한 성품자리에 들어가게 되면 그 어떤 것에도 물들지 않고 모든 것에 걸림이 없는 대자유의 인격에 도달하게 되고 저절로 참된 지혜가 나온다고 한다. 이처럼 큰 틀에서는 마음 공부이지만 주문 하나를 가지고 기운 공부와 성품 공부를 겸하는 것이 동학의 수도법이다.

요컨대 동학의 수심정기 수도는 결국 마음을 본래의 하늘마음으로 가꿔 나가는 공부다. 마음이 바로 하늘이며 마음 밖에 따로 하늘이 없다. 이 마음을 붙들고 매일 관심을 가지고 마음 안에 본래부터 있던 하늘의 씨앗을 사랑으로 키워서 마음 전체를 향기 나는 하늘의 꽃밭으로 바꾸는 것, 그렇게 마음을 하늘마음으로 만들어 나가는 것이 동학의 수도이자 영성의 핵심이다.

동학 수도의 의미는 결국 '참나'의 발견, '주체의 재발견'에 있다. 인간이 이기적, 충동적, 무의식적 존재만이 아니라 내면에 하늘님을 모신 신령하고 거룩한 존재라는 재발견이다. 인간은 우주 진화의 최종 열매이다. 더 진화해서 지금보다 더 나은 인격으로 나아갈 수도 있다. 내가 우주적 주체이며 창조적 주체라는 사실을 깨닫고 천지와 더불어 모든 생명과 조화롭게 어울리는 자유로운 주체이자 책임 있는 존재임을 자각해야 한다. 그리하여 개별적인 자아의식을 넘어서 하늘과 내가 둘이 아니며, 우주 만물과 내가 둘이 아닌 하나임을 사무치게 깨달아 마음의 무한한 확장, 비이원성, 무궁성에 대한 자각으로 나아가는 것이 동학 수도의 핵심이다.

이제는 모두가 정치적 평등을 누리는 대중 민주주의의 시대를 지나 '대중영성'의 시대를 맞이하고 있다. 수운의 '개벽의 꿈'은 지금까지 한두 사람의 영적 천재들에 의해 깨달음을 얻던 시대를 지나 모든 사람이 깨달음을 통한 집단적 의식의 진화, '집단지성'을 넘어 '집단 영성', '대중 영성' 시대를 예고하고 있다. 지금의 정황으로 보면 모든 것이 암울하지만, 의식의 집단적 깨어남이 들불처럼 일어난다면 우리의 미래도 그렇게 어둡지만은 않을 것이다. 동학의 주문 소리가 천하에 울려 퍼진다면 말이다.

간소한 의례, 수평적 영성 공동체

최근 우리나라는 제사 문제를 놓고 부부나 형제 갈등이 많다. 종교가 달라서 갈등이 생기고, 음식 장만을 놓고도 다툼이 생긴다. 그러다 보니 아예 제사를 지내지 않는 가정도 많아지고 있다. 그런데 제사는 영혼의 실재성 여부에 대한 종교적 교리를 떠나서 돌아가신 부모와 조상들을 그날 하루만이라도 생각하고 기리는 것이다. 이것은 우상숭배와는 전혀 다른 차원이다. 우상숭배는 상대적인 것을 절대적인 것으로 주장하면서 인간을 '거짓 절대 앞에 예속시켜 자유를 박탈하고 인간성을 비인간화하는 것'이다.[11] 마음이 정의와 진리보다 돈과 성공에 더 가 있다면 그것이야말로 우상숭배다.

제사에서 중요한 것은 제물이 아니라 마음이다. 정성된 마음으로 부모를 기린다면 청수 한 그릇으로 제사를 지내는 것이, 싸우면서 진수성찬을 차리는 것보다 나을 것이다. 동학에서는 해월 시대부터 모든 의식에서 청수(淸水) 한 그릇을 올렸다. 물은 만물의 근원이기 때문이기도 했지만 당시 가난한 서민들의 형편을

---

11) 김경재, 앞의 책, 73쪽 참조.

생각한 것이기도 했다. 또한 옛 어머니들이 아침마다 정화수 한 그릇으로 하늘에 기도했던 그 맑은 물이기도 하다. 역사적으로는 수운이 참형을 당하기 전에 청수 일기를 봉양한 데서 유래한다.

동학의 의례에서 새로운 문명의 전환을 알리는 상징적인 사건이 있었다. 바로 '향아실위(向我設位)'다. 해월은 죽음을 예감하고 한 해 전인 1897년에 기존의 벽을 향해서 제사상을 차리는 이른바 '향벽설위(向壁設位)'에서 나를 향해서 제사상을 차리는 '향아설위'로 파격적인 전환을 선언했다. 벽을 향해 제사상을 차리지 않고, 나(후손)를 향해 제사상을 차린다는 것은 조상이 사후에 저 세상에 있다가 제삿날 벽을 타고 밖으로부터 오지 않고 자손의 심령과 혈기 속에 함께하고 있다는 인식에 따른 것이다. 이는 신 중심의 수직적이고 저 벽 쪽, 피안, 미래, 저 종말, 역사의 저쪽 혹은 과거 조상들의 시간을 향했던 관습을 자기에게로, 지금 여기에 실존하는 삶과 생명으로 되돌리는 것을 의미한다. 관습이 가장 바꾸기 어렵다는 점을 고려할 때 이 간단한 밥그릇 위치가 저쪽에서 이쪽으로 돌아오는 것은 후천개벽의 상징이며 인류 문명사 전체의 질서를 뒤집어놓는 후천개벽의 가장 완벽한 집행이라고 할 수 있다.[12] 이처럼 제사 양식의 변화는 우리의 삶을 근본적으로 바꾸자는 상징적인 의미를 지닌 것이다.

12) 김지하,『생명학1』(화남, 2003) 231~232쪽 참조.

동학에는 사제, 성직자가 따로 없다. 하늘님이 모든 사람 안에 모셔 있다고 생각하므로 성직자나 사제를 통할 필요 없이 직접적으로 하늘님 체험이 가능하다고 한다. 지금 일부 종교에서는 성직자의 권위를 지나치게 수직적으로 설정해 그로 인한 폐해가 많다. 교단의 성장과 포교, 교화를 위해서는 전문적이고 직업적인 성직자가 필요하다. 하지만 의례를 설교나 교화 중심에서 수행 중심으로 바꾸고, 외형적 성장에 대한 욕심을 버린다면 굳이 직업적인 사제가 필요 없을 수 있다. 사제가 따로 없이 모두가 사제인 수평적 영성 공동체, 50명 미만의 작은 영성 공동체, 모두가 수행의 도반으로서의 수평적 관계, 그것이 21세기 종교 공동체의 바람직한 방향이 아닐까.

다시 개벽, 다시 동학

시천주와 더불어 '개벽'은 동학의 핵심 사상 중 하나다. 개벽사상은 본래 수운이 『용담유사』에서 "십이제국 괴질운수 다시개벽 아닐런가 태평성세 다시 정해 국태민안 할 것이니"[13]라고 하며 '다시 개벽'이란 용어를 쓴 데서 유래한다. 수운은 '개벽'의 용어 앞에 '다시'를 붙임으로써 처음 천지가 열렸던 때와 같은 거대한

---

13) 최제우, 『동경대전』 (1880), 「용담유사」, 「안심가」

열림이 다시 한 번 도래할 것임을 암시했다. 이때 개벽은 우주적 순환원리에 의해 필연적으로 등장할 새로운 세상과 그것에 수반하는 물질적 · 정신적 대변혁을 의미한다.

동학은 새로운 문명의 대전환을 예고하고, 그런 전환의 시기에 새로운 영성과 새로운 주체의 되살림을 통해 병든 세상을 치유하고자 하는 학문이자 종교이다. 먼저 내면에서 신성을 발견하고 그것을 모든 존재에게서 발견하고 존중하는 삶, 모두를 하늘님으로 공경하는 삶이 앞으로 문명적 원리가 되어야 한다고 믿는 가르침이다.

21세기 대안 종교로서의 동학은 안으로 하늘의 신성을 체험해 사회적으로는 생명 평화의 세상을 적극적으로 열고자 하는 사회 참여적 종교다. 이를 위해서는 자기 몸뚱이에만 빠져 있는 이기심에서 벗어나 주변의 가난하고 고통 받는 사람들의 아픔을 느끼며 그 고통에 동참할 수 있어야 한다. 고통에 대한 공감이 영성이며, 그것을 나누는 실천이 참된 종교다. 나와 가족만을 위하는 이기심, 작은 나에서 벗어나서 사회를 생각하고 인류를 생각하는 더 큰나로 자랄 때 이전의 자아는 더 나은 자아로 성장하며 영혼은 고양된다. 이런 현재의 자기를 초월하는 것에서 인격적 존엄함이 생기며, 그때 우리의 삶은 비로소 아름다워지고 생각과 뜻이 크고 깊어진다.

삶의 태도와 생활 습관도 바꿔야 한다. 문명의 전환이란 결국

'생활 양식'의 전환을 의미한다. 적게 소비하고, 불편을 참아야 한다. 인생관을 사회적 성공이나 출세, 외면적 화려함과 편안함에 두지 않고, 불편하지만 생명 파괴를 하지 않고, 많이 먹기보다는 건강한 먹거리를 가족이 밥상 공동체에서 나눠 먹고, 불필요한 에너지와 지출을 최소화하는 삶의 근본적 변혁을 요구한다. 전환은 '먹거리'와 '에너지' 분야에서 구체적으로 드러난다. 이 둘을 빼고 전환을 이야기하는 것은 공염불이다. 또한 우리 삶에서 투쟁과 경쟁을 중시하는 남성성에서 배려와 보살핌, 협동과 살림을 중시하는 여성성의 원리가 중시되어야 한다.

결론적으로 동학은 서양의 근대문명, 보이는 것, 물질, 경쟁, 남성성이 중심이었던 선천 문명의 극점에서 이 강퍅하고 병든 세상을 다시 살려내기 위해 나온 가르침이다. 동학은 내면에 하늘님이 있다는 것을 체험함으로써 자신의 삶을 존엄하게 변화시키고 이를 바탕으로 모든 존재 속에서 불가침의 신성을 발견해 이를 공경하는 윤리가 문명적 원리가 되어야 한다는 것을 가르치는 '모심과 공경'의 철학이다. "내면적 영성의 외면적 개화(꽃핌)가 생명이고 평화이다." 모심과 공경의 영성을 어떻게 오늘날에 되살려 이 시대 생명과 평화의 가치로 실천할 것인가가 우리에게 주어진 과제이며, 21세기 대안 종교로서의 동학을 다시 세우는 길일 것이다. 이제 진짜 동학을 '할' 때가 왔다.

지금 당장 붓다로 살자

화엄세계관과 생명평화운동

도법 스님

지리산 실상사 회주이자 대한불교조계종 '자성과 쇄신 결사 추진 본부' 화쟁위원회 위원장. 불교 개혁
을 위한 결사체 '선우도량'을 만들어 1990년대부터 불교계 내부의 갈등을 해결하는 데 앞장섰다. 생명
평화사상을 바탕으로 지역공동체 운동을 이끌면서 다양한 영역에서 갈등을 해소하고 평화에 이르는
길을 모색해 왔다. 지은 책으로『그물코 인생, 그물코 사랑』,『망설일 것 없네 당장 부처로 살게나』,『지
금 당장』 등이 있다.

안녕하세요. 한국에서 온 도법이라고 합니다. 한국에서 가장 아름답지만 가장 외떨어진 곳이기도 한 지리산 산골짝에 사는 제가 이곳 뉴욕 한복판 유니온 신학대학원에서 강연을 하게 돼 몹시 반갑고 기쁩니다. 불러 주셔서 대단히 감사합니다.

저는 오늘 여러분께 한 장의 부적을 보여 드리려고 합니다. '2009년 미국 그래픽디자인 연감(Graphis Design Annual 2009)' 의 맨 앞부분 여섯 쪽에 걸쳐 실려 있었는데, 혹시 보신 적이 있으신가요? 일반적으로 사람들은 부적에 어떤 신비한 힘이 있어 원하는 것을 다 이뤄 준다고 믿습니다. 지금 제가 보여 드리는 부적 역시 인류가 희망하는 삶을 실현해 주는 신비한 힘으로 발휘되길 기대하며 설명하겠습니다.

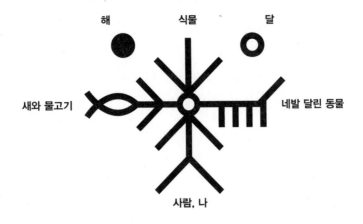

해　　　식물　　　달

새와 물고기　　　　　　네발 달린 동물

사람, 나

'생명평화(Life-peace) 무늬', '인드라망(Indra`s Net) 무늬', '어울림 삶'이라고 불리는 이 부적은 한국의 대표적인 시각디자이너이자 타이포그래퍼인 안상수 전 홍익대 교수의 재능 기부로 만든 것입니다. 생명평화 세계관을 모든 사람들이 이해하기 쉽게 시각화한 것이죠.

이 부적 한 장 속에 제가 45년 동안 승려 생활을 하는 동안 회의와 갈등, 방황과 모색을 하면서 정리한 세계관과 실천론이 모두 담겨 있습니다. 말하자면 '세계는, 나는 어떻게 존재하는가', '인생은 어떻게 살아야 평화롭고 행복한가'라는 단순하되 근본적이고, 오래됐으나 여전히 새로운 질문에 대한 제 나름의 결론이 담겨 있습니다.

그림을 보면, 제일 아래쪽 모양이 지금 여기 각자 자신을 포함한 사람이고 오른쪽이 네발 달린 짐승, 왼쪽은 새와 물고기, 사람의 머리 위쪽이 숲, 해, 달입니다.

그림을 보면 생명과 사물들이 그물의 그물코처럼 서로 의지하는 관계로 존재하고 있음을 알 수 있습니다. 태양과 달이 곡식과 나무를 키웁니다. 그것을 사람과 짐승들이 먹고 살아갑니다. 마치 연못과 연꽃처럼 서로가 서로의 생명을 낳고 살아가게 하고 있습니다. 돌멩이 하나, 풀 한 포기, 밥 한 그릇, 굼벵이 한 마리도 모두 서로의 생명을 낳고 길러 내는 거룩한 어머니입니다.

사람들은 일반적으로 내 생명은 내 안에, 네 생명은 네 안에 따로 독립해 있다고 생각합니다. 하지만 그것은 인간의 관념일 뿐입니다. 생각, 말, 글로는 분리되어 독립된 존재가 있다고 할 수 있지만 구체적 사실은 그렇지 않습니다. 저는 우주에 있는 유무형의 모든 존재가 서로 의지하고 협력하며 살아야 함을 보여 주는 생명평화 무늬가 인류 역사의 많은 지성에 의해 파악되고 제시된 보편적 세계관의 총화라고 생각합니다. 이것이 '어떻게 존재하는가'에 대한 결론입니다.

다음은 '어떻게 살아야 하는가'라는 물음입니다. 앞서 말씀드렸듯이 모든 존재가 나의 생명을 낳고 길러 내는 거룩하고 신비한 모체입니다. 지금 이 순간 우리는 서로를 낳고 길러 내는 신비와 기적의 존재, 아주 귀하고 고마운 존재로 살아가고 있습니다.

그러므로 당연히 지극정성을 다해 서로 잘 모시고 섬겨야 합니다. 왜 그래야 할까요? 생명의 법칙과 질서가 그러하기 때문

이며 그렇게 해야 우리의 생명이 행복해지기 때문입니다. 우리
가 갈 길은 이 길밖에 없습니다. 만일 이 길을 가지 않는다면 우
리는 끊임없이 서로에게 상처를 주고 고통을 받게 됩니다. 모심
과 섬김이 곧 불교와 기독교에서 말하는 자비와 사랑 아니겠습
니까? 저는 그 삶이 우리의 일상이 되었을 때 세상이 저절로 평
화로워진다고 봅니다.

이 길은 유신론과 무신론, 관념론과 유물론, 진보론과 보수론,
보존론과 개발론 등 모든 벽을 넘어서는 우리 모두의 보편적인
길입니다. 불교, 기독교, 이슬람교, 힌두교, 천도교, 원불교, 동양
철학, 현대 과학 등의 벽을 넘어 우리 모두 함께해야 할, 오래된
미래의 길입니다.

불교 역사의 주인공인 싯다르타는 수없이 많은 시행착오 끝에
우주의 존재 법칙인 보편적 진리를 발견하고 그 길을 걸어감으
로써 붓다가 되었습니다. 붓다의 가르침으로 보면 지금 여기 생
명평화 무늬로 표현되는 세계와 존재, 비로자나 부처님과 하느
님이 따로 있지 않습니다. 지금 여기에서 가장 주체적이고 창조
적이고 귀하고 신비한 존재인 모든 생명이야말로 진정 하느님이
고 부처님입니다. 당연히 본래부터 붓다이기 때문에 특별한 수
행을 통해 다시 붓다가 되려고 할 필요가 없습니다. 누군가가 굳
이 그렇게 하려고 한다면 마치 소를 타고 다시 소를 찾는 것처럼
대단히 어리석은 일입니다.

더 실제적인 이해를 위해 몇 가지 물음을 던져 보겠습니다. 지금 제가 도둑질을 하면 어찌 되겠습니까? 당연히 도둑놈이 됩니다. 특별한 존재인 붓다는, 예수는 어떨까요? 역시 마찬가지입니다. 여기에서 중요한 것이 무엇입니까? 바로 행위입니다. 누구든 지금 당장 예수 행위, 붓다 행위를 하면 그가 바로 예수요, 붓다입니다. 그 이상도 이하도 아닙니다. 깨달음, 해탈, 열반, 붓다란 먼 훗날 도달해야 할 저 멀리 있는 신비하고 특별한 어떤 목적지나 경지가 아닙니다. 지금 당장 그대와 내가 본래 거룩한 붓다임을 알고 서로를 지극정성으로 잘 모시고 섬기면 그 자체가 붓다로 살고 행동하는 것입니다. 그 밖에 또 다른 무엇이 있지 않습니다.

잠시 제가 생명평화 운동을 하게 된 과정과 동기를 설명하는 것이 생명평화 사상의 실체를 실감하는 데 좀 더 도움이 되지 않을까 싶습니다.

저는 1949년 가난한 농촌에서 태어났습니다. 아버지는 이념 대립의 비극적 사건인 제주도 4.3 때 돌아가셨습니다. 열여덟 살에 출가해 승려가 됐으며, 스무 살 무렵 어머니가 위독하다는 소식을 듣고 '태어난 자는 반드시 죽는다'라는 사실에 직면해 크나큰 충격을 받았습니다. '필연적으로 죽을 수밖에 없는 허무한 인생이라면 그 인생은 무엇이며 왜 태어나고 살고 죽는 것인가' 하는 존재 이유와 가치에 대한 원초적인 회의에 빠져들었습니다.

그 후 국내 고승들을 두루 찾아다니며 기도, 참선, 경전공부 등 수행자로서 할 수 있는 모든 노력을 기울였습니다. 그런데도 죽음과 허무의 문제, 또는 존재 이유와 가치에 대한 원초적 문제를 풀 수 없었습니다. 한국 불교 주류인 개인적이고 내적이며 은둔적이고 정적인 수행을 20여 년 동안 했지만 깊은 회의와 좌절을 맛볼 수밖에 없었습니다.

번민의 나날 속에서 우연히 간디를 만났습니다. 언제나 혼탁한 역사의 현장에 있으면서도 겸손하고 정직하고 유쾌하고 헌신적인 그의 삶이 참으로 아름다웠습니다. 간디에게서 붓다의 삶, 보살의 삶을 보았습니다. 간디라는 한 인간의 거울에 비추어 본 저의 삶은 한마디로 가짜였습니다. 참선, 삼매, 수행, 깨달음, 해탈, 열반, 붓다라는 거룩한 명분을 내세우고 있었지만 실상은 철저하게 자기중심의 이기적 사고에 빠져 헛꿈을 꾸고 으스대는 위선자에 지나지 않았습니다.

그리고 그 무렵 화엄경을 만났습니다. 온 우주가 참여해 한 송이 꽃을 피우고 있는 생명의 존재법칙, 한 송이 꽃이 그대로 우주요, 우주가 그대로 한 송이 꽃이 되는 그물과 그물코의 법칙에 대해 눈떴습니다. 그 내용을 단순화시키면 연기무아(緣起無我)의 세계관과 동체대비(同體大悲)의 실천론입니다. 이 내용을 잘 이해하여 적재적소에 맞게 실천하는 것을 깨달음, 중도, 완성의 실천인 바라밀행(波羅蜜行)이라고 합니다. 일상에서 이러한 삶을 살아가는 사람을 보살이라 하고 이 삶은 지금 여기에서 누구나 가능하며, 그렇게 살 때 우리가 찾는 해답과 희망의 꽃이 피어납니다. 저는 화엄경을 통해 불교에 대한 이해와 믿음, 만인이 함께 가야 할 보편적인 삶의 방향과 길을 발견하고 비로소 길고 긴 방황을 어느 정도 정리했습니다.

제가 많은 시행착오를 무릅쓰고 집요하게 생명평화 무늬의 정신에 천착하는 까닭은 다음과 같습니다. 주의 깊게 살펴보면 인류 문명사는 어처구니없게도 야만적인 살상과 파괴로 얼룩져 있습니다. 이를 웅변하듯이 20세기 100년 동안 퓰리처상을 수상한 사진을 모아 놓은 사진집의 한국판 제목이 『죽음으로 남긴 20세기의 증언』입니다. 100년 동안 이루어진 발전 과정과 결과가 한마디로 '죽임의 역사'인 것입니다.

국가, 민족, 종교, 이념, 자유, 정의, 평화 등 아무리 멋진 명분이라 하더라도 편을 갈라 서로 죽이고 죽임을 당하고, 뺏고 빼앗기고, 지배하고 지배당하는 역사라면 그것은 야만이고 비극입니다. 지금도 테러와의 전쟁처럼 반생명적이고 비인간적인 비극의 악순환이 확대 재생산되고 있습니다. 미래의 전망도 우울합니다. 부끄럽고 죄송스럽게도 지구촌의 평화를 위협하는 마지막 분단국가인 한국 현대사가 21세기 100년의 비극을 적나라하게 보여 주고 있습니다.

실제가 그렇다면 인류가 끊임없이 추구하는 변화와 발전이 무슨 의미가 있습니까? 도대체 어디에서 길을 잃은 것일까요? 왜 이렇게 됐으며 어떻게 해야 합니까? 인류가 직면한 물음의 해답을 찾는 일이야말로 불교를 비롯한 종교가 마땅히 해야 할 일이 아닌가 합니다. 제가 여러 형태의 방황과 모색을 통해 나름대로 찾아내고 정리한 것이 바로 지금까지 설명한 생명평화 무늬 부적입니다. 붓다, 예수, 원효, 해월, 간디가 걸어간 이 부적의 정신으로 20세기의 병을 치유하고 21세기 새로운 문명으로 생명평화 살림의 길을 가고자 하는 것입니다.

그 취지를 실현하기 위한 구체적인 작은 몸짓으로 1998년에 '인드라망 생명공동체 운동'을 시작했고 그 근본 도량인 한국 전라북도의 깊은 산골에 있는 실상사에서 '생태자립 마을공동체 운동'을 벌였습니다. 범종교 시민들이 이념, 계층, 종교, 지역 등 진영의 벽을 넘어 '좌우 대립 지리산 희생자를 위한 각 종교계의 백일기도와 합동 위령제'를 지냈습니다. 자연 생태의 재앙을 몰고 온 현대 문명의 위기와 한반도 평화를 위협하는 전쟁 위기에 대한 대안을 찾고자 하는 목적으로 '생명평화 · 민족화해 · 평화통일을 기원하는 지리산 1000일 기도'를 했습니다.

이 과정에서 함께했던 사람들을 중심으로 한반도 전쟁을 비폭력 평화 행동으로 막아 내고 21세기 새로운 대안 문명인 생명평화의 길을 열어 가자는 취지로 '생명평화 결사'를 만들었습니다. 결사의 취지에 따라 온몸을 던져 비폭력 평화 행동을 함께 할 10만 인 조직을 위해 2004년 3월 1일부터 2008년 12월 14일까지 5년 동안 전국 방방곡곡을 걷고 얻어먹고 자고 만나고 대화하는 생명평화 탁발순례를 했습니다. 그렇게 대략 1만여 킬로미터를 걸었고 8만여 명을 만났습니다.

같은 맥락에서 첨예한 갈등과 대립으로 서로의 가슴에 극단적인 불신과 분노, 불안과 공포를 생산하는 현장인 천성산 터널, 새만금 개발, 봉은사 분규, 4대강 개발, 쌍용자동차 및 한진중공업 대량 해고, 제주해군기지 건설 문제들을 평화적으로 해결하기 위해 관련 당사자들의 대화 테이블을 만들어 갈등을 풀기 위해 노력했습니다. 또 종교 갈등을 넘어 종교평화의 길을 열어가고자 '종교평화를 위한 불교인 선언(초안)'을 발표했는데 사회적으로는 큰 공감과 호응을 받았지만 불교계 자체적으로는 격렬한 논쟁에 휩싸여 아직도 완성시키지 못한 채 진행 중에 있습니다.

또한 생명평화 무늬 정신에 의한 수행인 본래 부처와 동체대비의 정신으로 한국 사회, 민족 사회, 인류 사회의 문제를 대안적으로 평화롭게 해결하는 데 불교가 앞장서야 마땅하다는 믿음으로 한반도 생명평화 공동체 실현을 위한 '생명평화 1000일 정진', '노동자 초청 무차대회', '사부대중 야단법석' 등 불교 본연의 역할을 하기 위한 몇 가지 방법을 모색하고 있습니다.

우리가 자본주의와 사회주의, 국가와 국가, 불교와 기독교, 진보와 보수, 개발과 보존 등을 명분으로 편을 갈라 극단적으로 싸우고 있는데, 이를 통해 실현하려고 하는 것이 무엇입니까? 우리 생명이 안전하고 건강하며 평화롭고 행복하게 살고자 하는 것 아니겠습니까? 관성적으로 싸우고 있지만 내용적으로 우리의 바람은 서로 다르지 않습니다.

그런데 왜 우리의 공통적인 염원은 실현되지 않을까요? 그 원인을 잘 짚어 보면 인류 문명을 지배해 온 존재법칙에 어긋나는 실체론적, 이원론적 세계관에 함정이 있습니다. 또 가장 현실적이고 구체적이며 절실하고 중요한 가치인 생명의 실상에 대한 무지와 착각의 관념에 사로잡힌 병이 있습니다.

인류 문명사를 성찰해 볼 때 존재 법칙에 어긋나고 생명 가치를 망각한 채 상대에 대한 불신과 분노, 증오와 공포의 마음으로 온갖 그럴듯한 명분으로 편 가르고 싸우고 이기고 지배하는 길은 우리가 갈 길이 아니라 누가 뭐라 해도 오늘 우리가 가야 할 길은 인내와 관용과 비폭력 평화의 마음으로 우주의 모든 것이 서로 의지하고 협력하며 함께 살아가야 할 한 몸, 한 생명임을 구체적으로 보여 주는 생명평화 무늬의 길입니다. 생명평화의 삶, 생명평화의 세상은 모든 인류의 영원한 염원이며 21세기 시대정신입니다. 우리 종교가 나서서 실현해야 할 21세기 절체절명의 화두는 바로 '지구촌 생명평화 공동체'입니다. 이 역할을 제대로 할 때 비로소 종교가 종교다워집니다.

다시 강조합니다. 인류의 지성들이 제시한 옛길이자 오늘의 길, 미래의 길이며 너와 나와 우리의 길인 '생명평화 무늬' 부적에 담긴 보편적 세계관과 정신, 실천의 교훈을 주목해 주십시오. 끝으로 생명평화 무늬의 이론적 토대인 「생명평화경」을 소개하면서 제 이야기를 정리하겠습니다. 경청해 주셔서 감사합니다.

생명평화경

나는 다음과 같이 들었습니다.

눈 내리는 한밤중에 진리의 스승께서 말씀하셨습니다.

생명평화의 벗들이여!

생명평화 길의 근본이 되는 존재의 실상인

상호 의존성, 상호 변화성의 우주적 진리를 말하리니

그대들은 귀 기울여 잘 듣고, 깊이 사유 음미할지니라.

이것이 있음을 조건으로 저것이 있게 되고,

저것이 있음을 조건으로 이것이 있게 되며,

이것이 없음을 조건으로 저것이 없게 되고,

저것이 없음을 조건으로 이것이 없게 되느니라.

상호 의존성과 상호 변화성의 진리를 따라

생성, 소멸, 순환하는 존재의 실상인 이 사실은,

현재에도 그러하고, 과거에도 그러하며,

미래에도 그러하느니라.

생명평화의 벗들이여!

자연은 뭇 생명의 의지처이고,

뭇 생명은 자연에 의지하여 살아가는 공동체 존재이니라.

이웃 나라는 우리나라의 의지처이고,

우리나라는 이웃 나라에 의지하여 살아가는 국가 공동체이니라.

이웃 종교는 우리 종교의 의지처이고,

우리 종교는 이웃 종교에 의지하여 살아가는 종교 공동체이니라.

이웃 마을은 우리 마을의 의지처이고,

우리 마을은 이웃 마을에 의지하여 살아가는 고향 공동체이니라.

이웃 가족은 우리 가족의 의지처이고,

우리 가족은 이웃 가족에 의지하여 살아가는 가족 공동체이니라.

그대는 내 생명의 어버이시고

나는 그대에 의지하여 살아가는 공동체 생명이니라.

진리의 존재인 뭇 생명은 진리의 길을 걸을 때

비로소 평화로워지고 행복해지나니,

그대들은 깊이 사유 음미하여 실행할지니라.

생명평화의 벗들이여!

서로 의지하고 변화하며 존재하는 생명의 진리는
우리 모두의 영원한 길이니,
지금 진리의 길에 눈뜨는 달관과
진리의 길에 어울리는 자족의 삶을 살지니라.

생명의 고향인 자연을 병들게 하는
진리를 외면한 인간 중심의 이기적 삶을 버리고
우주 자연을 네 생명의 하느님으로 대하는
달관과 자족의 삶을 살지니라.

우리나라의 의지처인 이웃 나라를 불안하게 하는,
진리를 외면한 내 나라 중심의 이기적 삶을 버리고
이웃 나라를 내 나라의 하느님으로 대하는
달관과 자족의 삶을 살지니라.
우리 종교의 의지처인 이웃 종교를 불안하게 하는,
진리를 외면한 내 종교 중심의 이기적 삶을 버리고
이웃 종교를 내 종교의 하느님으로 대하는
달관과 자족의 삶을 살지니라.

우리 마을의 의지처인 이웃 마을을 불안하게 하는,
진리를 외면한 내 마을 중심의 이기적 삶을 버리고

이웃 마을을 우리 마을의 하느님으로 대하는
달관과 자족의 삶을 살지니라.

우리 가족의 의지처인 이웃 가족을 불안하게 하는,
진리를 외면한 내 가족 중심의 이기적 삶을 버리고
이웃 가족을 내 가족의 하느님으로 대하는
달관과 자족의 삶을 살지니라.

내 삶의 의지처인 상대를 불안하게 하는,
진리를 외면한 자기 중심의 이기적 삶을 버리고
상대를 내 삶의 하느님으로 대하는
달관과 자족의 삶을 살지니라.

내 생명의 의지처인 우주 자연과
내 나라의 의지처인 이웃 나라와
내 종교의 의지처인 이웃 종교와
내 마을의 의지처인 이웃 마을과
내 가족의 의지처인 이웃 가족과
내 자신의 의지처인 그대의 개성과 가치의
존귀함과 고마움과 소중함에 대하여
지극히 겸허한 마음으로 존중하고 감사하고 찬탄하는

달관과 자족의 삶을 살지니라.

존재의 실상인 진리란

상호 의존성과 상호 변화성을 뜻할 뿐

그 밖의 다른 것이 아니므로

지금 여기에서 누구나 이해하고 실현하고

증명할 수 있도록 해야 하느니라.

진리의 길은,

현재의 삶을 진지하게 성찰할 때 그 실상이 드러나고

진리의 서원을 세울 때 생명평화의 삶이 실현되나니

항상 깨어 있도록 할지니라.

생명평화경은 지금 여기

너와 나의 삶의 실상을 비추어 보는 거울이니

항상 잘 받아 지니고 기억하여 어긋나지 않도록 할지니라.

거룩하십니다. 진리의 스승이시여!

진리의 가르침을 귀 기울여 잘 듣겠나이다.

깊이 사유 음미하겠나이다.

온 몸과 마음을 다하여 실행하겠나이다.

왜 '종교너머, 아하!' 인가

'북쪽 깊은 바다'에 물고기 한 마리가 살았는데, 그 이름을 곤(鯤)이
라 하였습니다. 그 크기가 몇 천리인지 알 수 없었습니다. 이 물고기가
변하여 새가 되었는데, 이름을 붕(鵬)이라 하였습니다. 그 등 길이가
몇 천리인지 알 수 없습니다. 한번 기운을 모아 힘차게 날아오르면 날
개는 하늘에 드리운 구름 같습니다.[1]

『장자』제1편 소요유(逍遙遊)를 여는 첫 문장이다. 곤이라고
하는 작은 물고기가 변화해 하늘을 덮을 만큼 커다란 붕새가 되
었다는 대 변화와 초월을 그리고 있다. 무엇을 위한 변화인가?

---

1) 오강남 풀이, 『장자』(현암사, 1999), 26쪽

절대 자유다. 갈매기도 있다. 리처드 바크의 『갈매기의 꿈』이다. 조나단 리빙스턴 시걸은 "높이 나는 새가 가장 멀리 본다"는 깨달음을 노래하며 모든 존재에 내재한 초월적 능력을 일깨워 준다. 조나단의 남다름은 주변의 질시에 굴하지 않는 의지도 있지만 무엇보다 눈앞의 일상에 안주하지 않고 변화를 꿈꾸고 도전했다는 점에 있다. 그는 갈매기의 한계를 넘어 높이 비상했다.

기원전 중국 고전이 말하고자 하는 것과 21세기 서양이 전하는 메시지가 다르지 않다. 수천 년이라는 시공을 넘어 일관되게 언급되고 강조되는 것이 변화와 초월 가능성이라는 사실에 주목하지 않을 수 없다. 존재에는 변화가 가능하다는 이야기다. 기는 이가 걸을 수 있고, 걷는 이는 뛸 수 있으며, 뛰는 이는 날 수 있다는 가능성을 증명하는 것이기도 하다. 인간에게 죽음이라는 한계가 있다면 이를 초월할 수 있는 대 자유라는 변화의 가능성이 열려 있다는 뜻이다. 그저 종종걸음으로 땅 위를 걸을 줄만 알았던, 아니 그래야만 하는 줄 알았던 어느 날 '꿈틀', 내재된 변화 가능성에 대한 희망을 보았다. 조나단처럼 말이다. 온갖 제도와 관습, 주위의 편견, 선입견에서 놓여나 삶과 죽음에 메이지 않는 자유로운 삶을 살고 싶다는 꿈을 꾸기 시작했다. 손에 잡히지 않는 꿈 한 조각을 가슴에 품고 자유로의 여행을 시작할 수 있었다.

인간이 절대 자유를 누릴 수 있는 방도는 무엇인가? 10여 년 전 화살처럼 박힌 화두였다. 화살을 뽑기 위해서는 화두를 푸는 수밖에 없었다. "진리를 알지니 진리가 너희를 자유하게 하리라." 성경이 암시하고 있는 '자유 방정식'을 풀기 위해 안간힘을 썼다. 오직 예수였던 나는 과감히 교회 담장을 넘었고, 성공회를 거쳐, 선불교에 이르렀다. 조나단이 끝없이 비상을 시도했듯이 나도 죽어라 선방에 놓인 좌복 위를 찾았다. 들끓는 마음을 좌복에 앉히다 보면 진리가 보이고, 자유라는 날개가 돋으리라 믿었다. 이 일을 이루기 위해 직장을 접고, 가족을 등지는 일도 마다하지 않았다. 물론 어려웠다. 하지만 선택의 여지가 없었다. 계속 가는 수밖에…….

참선(參禪) 중에 가슴에 박힌 화살을 뽑을 수 있었고, 그 기쁨으로 출가수행자가 되기도 했다. 그때 만난 불교는 참으로 인상적이었다. 아무 곳에도 의지하지 말고 스스로를, 그리고 진리를 등불 삼아 궁구하라니……. 끝없이 대상에 의지해 갈구해야 했던 구차스러움을 벗어버리라는 호통이다. 이 얼마나 믿음직스러운 충고인가. 붓다의 가르침은 한 사람 한 사람 모든 이에게 구족되어 있는 무한한 가능성을 알아차려 나를 믿지 말고, '너'를 믿으며 자유롭게 살라고 하는 것이었다. 꼭 막혀 있던 반쪽 사람이 확 트인 온전한 사람이 되는 순간이었다. 불교를 통해 기독교를 바로 알게 되었고, 불교의 심층에서 불교마저 초월할 수 있었다. 급기야 종교라는 허울을 벗기 위한 종교 여행을 마칠 수 있었다.

다시 고쳐 말한다. 지극히 당연한 세상이었던 '믿습니다월드' 울타리를 나온 것은 개구리가 우물 밖을 나온 것만큼이나 근원적이며 충격적인 변화의 시발점이었다. 총체적 인식의 뒤집어짐이다. 새로운 눈뜸의 첫 경험이라니! 얼마나 달콤했던가, 계속적인 눈뜸의 기쁨을 갈구하며 영적 비상을 위해 정진했다. 가다 보니 '깨달음월드'인 승가의 대문이 활짝 열려 있는 게 아닌가, 나는 주저 없이 가사 장삼을 휘날리며 출가라는 이름으로 그 문에 들어섰다. 그렇게 3년을 공부하고 다시 '자본주의월드'로 돌아왔다.

사람들은 늘 묻는다. 왜 다시 나왔느냐고. 간단하다. 지극히 개인적인 변화의 체험이지만 그것을 통해 새롭게 보고, 느끼며, 이전과는 조금 다르게 살 수 있는 길을 그대와 나누고 함께 걷기 위함이다. 나는 골수 기독교인이었으며, 성공회교인이었으며, 불자였으며, 승려이기도 했다. 이런 풍광을 지나며 본 것들, 텅 빈 가슴을 꽉 채우며 스쳐 지나간 산들바람들, '아하!' 하고 무릎을 치게 했던 시원한 순간들, 그리고 깊은 고독 속에서 모락모락 피어난 은은한 온기들……. 나누고 싶은 것이 수없이 많다. 그래서 환속했다.

그렇지 않아도 살기 버거운데 잘못 인식된 종교로 개인과 공동체, 우리 사회가 치러야하는 비용이 얼마인가? 종교가 사람을 온유하게 하고, 사회를 공정하게 해야 마땅한 것을 개인이고 사회고 '믿음'이 강할수록 배타적이고 이기적인 경우가 참 많다. 우물 안이 좁다 보니 그럴 수밖에. 분리되어 반목하고 있는 우리 사회의 종교 벽에 조금씩 금이 가게 하고, 가능하다면 울타리를 허물고 싶다는 새로운 꿈을 갖게 된 것이다. 갇힌 곳에서 나와 이웃 종교의 다른 아름다움을 보게 하고 그것을 거울 삼아 아직까지 모르고 있던 자신의 향기와 무한 능력을 자각하게 하고 싶다. 위대한 예수와 붓다를 시봉하는 것도 좋지만 그분들이 우리에게 바라는 것은 '시녀' 노릇이 아니라 스스로 길이 되고, 진리가 되고, 생명이 되는 것이기 때문이다.

이러한 소망, 경험이 누군가에게 도움이 될 수 있을까 싶은 마음에 『선방에서 만난 하나님』이라는 책을 썼다. 출간 후 은사인 『예수는 없다』의 저자 오강남 교수에게 헌정했다. 꼭 한 해 전 2012년 초여름의 일이다.

일련의 과정이 밑거름되어 2012년 9월 초 '유유녹명종교나눔터'를 만들게 되었다. 유유(遊遊)는 장자 소요유가 말하는 절대 자유를 지향하는 소리이며, 녹명(鹿鳴)은 유유를 읊는 사슴의 울음소리다. 온갖 동물 중 사슴은 유일하게 들판에서 먹이를 찾으면 혼자 먹지 않고 "우우" 하고 울어 주변에 있는 사슴들을 불러

모아 함께 나누어 먹는다고 한다.

환속 후 필명으로 삼으며 '사슴의 정신' 따르고자 했던 새로운 삶의 모토이기도 하다. 아무런 간접자본 없이 그야말로 들판에서 우우 길벗을 모으는 노래를 불렀다. 그렇게 1년여를 보내는 동안 녹명종교나눔터는 비영리단체 '종교너머, 아하!'로 거듭났고, 마음껏 공부할 수 있는 아담한 둥지도 갖게 되었으며, 둥지에서 비를 피하고 먹이를 구하고자 하는 많은 길벗들을 만나게 되었다.

새로운 녹명의 소리, '종교너머, 아하!'는 두 가지 뜻을 품고 있다. 첫째는 우리 사회 종교 간에 높이 쳐져 있는 울타리를 걷어내고 자유롭게 소통하며 조화로운 공존을 모색하자는 뜻이며, 둘째는 우리의 믿음이 에고를 살찌우기 위한 수단이 아니라 욕망에 찌든 지금의 나를 초월할 수 있는 심저에 들어 온갖 속박에서 자유로운 전혀 새로운 나를 발견하자는 청이다. 새로운 눈뜸의 소리 '아하!'를 외치는 동안 우리는 허다한 울타리를 벗겨 낼수 있기 때문이다. 편협한 특별 종교의 교리에서, 내 욕심이 우선되는 작은 나에서, 종교 그 자체에서.

곧 비영리사단법인으로 등록될 '종교너머, 아하!'의 큰 이름 '아하! 소사이어티'는 종교는 물론, 나이, 배경, 출신지, 학력, 재산, 외모 이 모두를 넘어 다양한 길벗들이 한자리에서 자유롭게 생각하고 함께 자라나며, 얻은 것을 나누는 일을 할 것이다. 구체적으로는 첫째 '종교너머, 아하!'에서 종교와 영성을 담아내는 다양한 강좌와 이웃 종교 스테이를 통해 실천적 사유를 지향하고, 둘째 '경계 너머, 아하!'에서 사회, 문화, 예술이 융통하는 장을 마련하고자 한다. 마지막으로는 '나를 너머, 아하!'다. 종교와 온갖 경계를 넘어 성숙하고자 하는 것은 결국 '나'를 초월하는 목적지에 이르고자 함이다. 그러기 위해서 나를 찾고, 나를 만나고, 나와 하나 되었다, 나를 잃으므로 전부가 되는 대 자유를 맛보고 싶다. 손에 손잡고.

이번에 출간하게 된 『종교 너머, 아하!』는 이러한 조나단의 꿈과 붕의 초월을 시도하는 '종교너머, 아하!'가 전하는 사랑의 메시지다. 종교의 유무와 상관없이 자신의 내적 가치를 발견하고, 자라나게 하고자 애쓰는 길벗들에게 힘이 되고, 든든한 응원이 되면 좋겠다. 오강남 교수의 「지금 우리에게 종교란 무엇인가」를 필두로 마지막을 장식하는 도법 스님의 「지금 당장 붓다로 살자」는 힘 있는 제언은 어느 구절에선가 시원하게 읽는 이의 마음을 열고, 때로는 위로가 되며, 때로는 불끈 희망을 심어 주는 살아 있는 문장이 되리라 믿는다.

이 책을 읽는 분 모두가 한결같이 "아하!"에 동참할 수 있으면 좋겠다. 이 책 한 권에 모인 소중한 원고는 모두 재능기부로 쓰였으며, 도서 판매 수익금은 비영리 단체 '종교너머, 아하!'에 후원금으로 기부된다. 다망한 가운데 흔쾌히 집필에 응해 주시고 옥고를 보내 주신 모든 필자 분들께 심심한 감사와 존경의 뜻을 전한다. '종교너머, 아하!'가 여기까지 오도록 물심양면으로 도와주신 고문님들, 이사님들, 감사님, 자원봉사로 헌신해 주시는 운영위원님들, 그리고 '아하!' 공동체에서 주관하는 여러 프로그램에 동참해 주신 길벗님들, 음으로 양으로 후원해 주신 모든 분들께 진심으로 감사드린다. 특별히 이렇게 책을 내고자 제안해 주신 이영환 교수님과 '아하!'를 위해 늘 애써 주시는 오강남 이사장님께 감사드린다. "모두 고맙습니다."

마지막으로 이 책의 출간을 흔쾌히 수락해 주시고 아름답게 만들어 주신 판미동 출판사의 김세희 대표와 편집진에게 깊이 감사드린다. 모두가 훨훨 날아 자유롭게 노니는 그날까지 "종교 너머, 아하!"

녹명 성소은

종교 너머, 아하!

1판 1쇄 찍음 2013년 8월 23일
1판 1쇄 펴냄 2013년 8월 30일

지은이 | 오강남 · 성소은
발행인 | 김세희
편집인 | 강선영
책임편집 | 주소림
펴낸곳 | 판미동

출판등록 | 2009. 10. 8 (제2009-000273호)
주소 | 135-887 서울 강남구 신사동 506 강남출판문화센터 5층
전화 | **영업부** 515-2000 **편집부** 3446-8774 **팩시밀리** 515-2007
홈페이지 | www.panmidong.com

한국어판 © ㈜민음인, 2013. Printed in Seoul, Korea
ISBN 978-89-6017-910-3 03210

판미동은 민음사 출판 그룹의 브랜드입니다.